Martin Pristl
Gebrauchsanweisung für Griechenland

Martin Pristl

Gebrauchsanweisung für Griechenland

Mit 16 Zeichnungen von Kostas Mitropoulos

Piper
München Zürich

Außerdem liegen vor:

Gebrauchsanweisung für Ägypten von Wolfgang Koydl
Gebrauchsanweisung für Amerika von Paul Watzlawick
Gebrauchsanweisung für China von Uli Franz
Gebrauchsanweisung für Deutschland von Maxim Gorski
Gebrauchsanweisung für England von Heinz Ohff
Gebrauchsanweisung für Finnland von Claus Haar
Gebrauchsanweisung für Frankreich von Klaus-Peter Schmid
Gebrauchsanweidung für Hongkong und Macao von Gerhard Dambmann
Gebrauchsanweisung für Irland von Ralf Sotscheck
Gebrauchsanweisung für Israel von Martin Wagner
Gebrauchsanweisung für Japan von Gerhard Dambmann
Gebrauchsanweisung für New York von Natalie John
Gebrauchsanweisung für Schottland von Heinz Ohff
Gebrauchsanweisung für die Schweiz von Thomas Küng
Gebrauchsanweisung für die Türkei von Barbara Yurtdaş

ISBN 3-492-04985-0

Gesetzt aus der Bembo-Antiqua
Gesamtherstellung: Clausen & Bosse, Leck
Printed in Germany

Inhalt

O dieses Licht!
Johannes Gaitanides

Ach dieses Licht!
Erhart Kästner

Vorwort
oder: Nur der Anfang

Die in Jahrtausenden gewachsene Eigenart einzelner Völker und Stämme mutiert in wenigen Monaten durch den Einfluß der Reisebüros (...) in eine glanzlose Anbiederung an das Portemonnaie ewig nörgelnder Sommer- oder Winterfrischler, die zwar bei sich zu Hause häufig nur alle drei Wochen die Bett- oder gar Leibwäsche wechseln, aber auf Abenteuerurlaub in Gebieten der Eskimos oder Pygmäen ohne Zögern das Fehlen von Anschlüssen für elektrische Massagebürsten im Iglu oder in der Baumhütte reklamieren.
André Heller; Auszug einer Rede, gehalten auf einem Forum für Tourismus, organisiert von der Schweizer Verkehrszentrale.

Griechenland? Meer, weiß gekalkte Häuser und blau gestrichene Fensterläden! Sonne und Sand, einsame Dörfer, enge Straßen, die sich über karstige

Berge winden, südländische Unbekümmertheit, silbrig-grüne Olivenbäume, Homer, schönes Wetter, Akropolis! Überhaupt: fünf Jahrtausende Geschichte und Kultur, Wiege Europas, Iphigenie, Platon, Papandréou vielleicht noch, Orient und Okzident oder ein bißchen von beidem? Oder nichts von beidem?

Es gibt Menschen – *Élines,* »Hellenen« nennen sie sich –, bei denen erweckt der Klang dieses Namens ganz andere Assoziationen: Athen – und dann lange nichts mehr. Athen! Diese Stadt bedeutet Fortschritt und Geld, Modernität und Europa, Politik und Freizeit, Kultur und weniger traditionelle Zwänge, viel Angebot, viel Nachfrage und beinahe unbegrenzte Möglichkeiten. Außerdem verbinden diese Leute mit Griechenland Stichwörter wie Wassermangel, zu hohe Importzölle für Autos, Steuern, die nicht zu bezahlen immer schwieriger wird, oder das Päckchen Zigaretten, das Mitte der neunziger Jahre kaum weniger als in der Bundesrepublik kostet, obwohl die griechischen Löhne im Durchschnitt viel niedriger liegen. Beim Thema Olivenbäume denken sie eher an die Ernte und an den Ölpreis als an Odysseus' Bett, und wenn man sie auf die romantischen Bergstraßen anspricht, dann ersteht vor ihrem geistigen Auge die neue Autobahn zwischen Korinth und Tripolis.

Daß die *Élines* ihr *Élas* (Hellas) mit völlig anderen Augen als Sie sehen, wäre an sich nichts Ungewöhnliches, bewegte sich diese ungleiche Sicht nicht in beinahe diametralen Bahnen und würden nicht gleichzeitig so viele Klischees, die Ihnen über Griechenland geläufig sind, der Realität entsprechen.

Verunsichern möchte Sie diese Gebrauchsanweisung – und keine vorgefertigten Antworten geben –, verwirren und durcheinanderbringen. Dieser Vorsatz irritiert Sie? Hoffentlich irritiert Sie das ganze Buch! Das haben Gebrauchsanweisungen schließlich so an sich: Sie zwingen den Leser, sich selbst mit der Materie auseinanderzusetzen. Indirekt schaffen sie damit Klarheit. Denn kaum hat man die undurchsichtige Anleitung seines neuen Videorecorders durchgelesen, wirft man sie schon in die Ecke, drückt ungeniert auf diversen Knöpfen herum und beginnt, sich selbst einige Gedanken zu machen. Über den Videorecorder wie über eine fremde Kultur.

Viel Spaß und –
Willkommen in Sacramento!

Willkommen in Sacramento
oder: AUTOmatisch weniger Esel

Zeus lädt Sie nach Griechenland ein. Um die Wärme der griechischen Sonne mit ihm zu teilen. Um sich von der herzlichen Gastfreundschaft der Griechen umfangen zu lassen. Sind die Griechen so freundlich gestimmt wegen der Götter? Oder waren die Götter von der Freundlichkeit der Griechen so eingenommen? Die Götter hätten jedes Land der Erde wählen können. Sie haben sich für die Herzlichkeit der Griechen und für Griechenland entschieden.
Aus einer Anzeige der EOT in einer deutschen Zeitschrift.

Irgend etwas scheint doch in diesem Volk zu liegen – auch wenn es nicht unbedingt »auserwählt« ist. *Níkos Dimóu im selben Heft*

Vergessen Sie all die Plakate, mit denen Ihnen Reisebüros einsame, weiße, halbmondförmige Sandstrände in Griechenland vorgaukeln. Es gibt sie nicht. Auf praktisch allen Postern prangt ein und derselbe Strand. Er heißt Myrthos Beach und liegt auf Kephallonia, einer der zirka 3000 griechischen Inseln. So einsam, weiß und unbefleckt kann er sich nur deshalb präsentieren, weil er nicht gerade bequem zu erreichen ist: Entweder chartern Sie ein Boot, oder Sie klettern hundert Meter die steile, schroffe Felswand hinunter, oder Sie springen mit dem Paragleiter in die Tiefe.

Vergessen Sie all die Geschichten Ihrer Freunde und selbsternannten Griechenlandkenner, die wochenlang die Gastfreundschaft einer griechischen Familie genossen haben wollen, denen angeblich jeden Abend ein Lamm am Spieß serviert wurde, das sie mit einer Gallone Landwein hinuntergespült haben. Denn wenn in einem Jahr wie 1995 zehn Millionen Touristen zehn Millionen Einheimische überfallen, ist die statistische Wahrscheinlichkeit, daß gerade Sie auf einen der letzten Griechen treffen, der noch nicht begriffen hat, daß der Tourismus ein Geschäft ist, mehr als gering.

Vergessen Sie Ihre romantischen Vorstellungen von der Großfamilie als Zelle des griechischen Lebens, als sicherem Hort, moralischem Wegweiser, weisem Ratgeber und starkem Beschützer. Auch den Großvater, den Patriarchen, der das Sagen haben soll, während die Frauen handarbeitend, putzend, kochend und Nachwuchs gebärend ihr Leben im Haus fristen. Alles Quatsch! Gerade einmal 1,46 Kinder bringt ein griechisches Ehepaar in seinem Leben zustande und verformt die sogenannte Alterspyramide zur für Industrieländer im Trend liegenden »Glocke«. Der Weg zu jenem Gebilde, das Demographen so doppeldeutig »Urne« nennen, ist nicht mehr weit.

Und auf Eseln sollen pittoresk-arme Griechen durch die Gegend reiten? Nichts dergleichen. Das sind die einfältigen Touristen, die sich von cleveren Eselvermietern einreden lassen, sie würden den Weg zur Zeus-Höhle auf Kreta nicht hinaufkommen. Die zehn Millionen Griechen wollen sich motorisiert auf dem 40000 Kilometer langen Straßennetz bewegen, mit ihren bislang 2000000 Autos, den 800000 Lastwagen und 300000 Krafträdern.

Ihre Bekannten wollen wirklich *Griechen* im Land getroffen haben? Die Griechen leben doch alle in Athen, während Touristen (und damit auch Ihre Freunde) grundsätzlich das Motto »Nur weg aus Athen« ausgeben.

Ich übertreibe? Zugegeben, ein bißchen. Natürlich gibt es noch eine ganze Reihe anderer weißer, sauberer Sandstrände in Griechenland; auch erfährt man mitunter die Gastfreundschaft, wenn man zu einem Schluck Wein oder einem Täßchen Kaffee eingeladen wird; und die Großfamilie findet man auch heute, zumindest solange auf dem Land die ältere Generation noch lebt. Die Esel schließlich wurden letztmals 1988 gezählt, damals waren es zusammen mit den Maultieren etwa 250000 (im gleichen Jahr gab es schon mehr als 1000000 Traktoren). Und genaugenommen lebt nur knapp die Hälfte aller Griechen in Athen. Immerhin. Gut vier Millionen sind es über den Daumen gepeilt; eine knappe weitere Million lebt in Thessaloniki, und die übrigen fünf Millionen zieht es ebenfalls in eine der beiden Metropolen, vorzugsweise aber nach Athen. Stolz die, die es geschafft haben.

Sollten Sie einen Athener kennenlernen, brauchen Sie ihm trotzdem nicht bewundernd auf die Schulter zu klopfen und ihm zu seinem Athenertum zu gratulieren. Wer tagtäglich durch den Athener Smog watet, wer Aspirin (gr.: *Aspirini*) zu den Grundnahrungsmitteln zählt, wessen unverheiratete (!) Tochter (!) allen (!) moralischen Grundsätzen zum Trotz (Papa, das ist heute so...) eine kleine Apartmentwohnung mit ihrem Freund bewohnt, der wird Ihnen in den buntesten Farben das idyllische Landleben ausmalen. Er wolle in sein Elternhaus zurückkehren, wird er versichern, es umbauen, ausbauen und renovieren lassen, um dort mit Frau und Kindern zu leben, das Leben zu genießen. Seine Frau wird einen großen Gemüsegarten anlegen, auch einige Hühner und Schafe werde man sich anschaffen. Er selbst wird im Kafeníon sitzen und Zeit haben zu philosophieren. Zunächst möchte er allerdings noch etwas Geld ansparen (auf dem Land kann man ja nichts verdienen), seine Kinder, acht, siebzehn und achtzehn Jahre alt, sollen ihr Abitur machen und studieren (auf dem Land gibt es ja keine Bildungsmöglichkeiten), und seine Frau hat gerade erst einen Job, wie so viele, in der Textilindustrie gefunden, den sie natürlich nicht gleich morgen wieder kündigen wolle (wie kann sich

eine Frau auf dem Land schon engagieren, außer im Gemüsegarten). Aber irgendwann, demnächst, werde er zurückkehren. In Athen jedenfalls könne man auf Dauer nicht leben.

Auch der Provinzler hat für seine Hauptstadt allenfalls ein verächtliches »Pah« übrig. Warum sollte er dorthin wollen? Hier auf dem Land, wird er sagen, und sich lässig eine Zigarette anzünden, sei das Leben zwar schwer (in Athen findet man schließlich das Geld auf der Straße), dafür könne man wenigstens frei atmen. (Und ganz unter uns, denn mit Statistiken können Südländer ohnehin nichts anfangen: Dreihundert Nichtathener stellen sich tagtäglich an den Schaltern des Athener Einwohnermeldeamtes an, um sich nach erledigter Formalität Athener nennen zu dürfen.)

Anfang des 19. Jahrhunderts war Athen ein unbedeutender Marktflecken mit dem einzigen Unterschied zu anderen unbedeutenden Marktflecken, daß es einen bedeutenden Namen trug. Für den bayerischen Otto I., der seinerzeit als König in Griechenland Einzug hielt, muß es schwer vorstellbar gewesen sein, daß sich einst die Götter um die Ehre stritten, diesem Kaff ihren Namen geben zu dürfen. Athene und Poseidon hießen die beiden Konkurrenten, zwischen *Athíne* – so wird der Name griechisch ausgesprochen – und *Poseidónia* war die damalige Bevölkerung hin und her gerissen. Die Quelle, die Poseidon in diesem Wettstreit auf der Akropolis aus dem Boden zauberte, beeindruckte, der Olivenbaum, den Athene daneben setzte, obsiegte. Und als die Athener in den heißen Sommern der späteren Zeiten mitunter zweifelten, ob Wasser nicht womöglich die bessere Wahl gewesen wäre als ihr heißgeliebtes (und kaltgepreßtes) Olivenöl, war der Preis schon vergeben. Um sich vor dem eventuellen Vorwurf der Fehlentscheidung zu schützen, einigte man sich allgemein darauf, die Quelle des Poseidon hätte ohnehin nur salziges Wasser gespendet... Aber das Thema Wasser soll ein eigenes Kapitel wert sein.

Otto jedenfalls, Sohn des Wittelsbachers Ludwig I., ließ sich erst einmal in Náfplion nieder. Athen war eines Monarchen nicht würdig, selbst eines siebzehnjährigen nicht. In der Zwischenzeit befahl er bayerische Architekten in sein Königreich, die das etwa 5000 Einwohner zählende Dorf etwas aufpolieren sollten. Leo von Klenze, der berühmteste von ihnen, prägte das Stadtbild im klassizistischen Stil unter anderem nach Münchner Vorbild, das um diese Zeit schon etwa 70000 Einwohner hatte. Im Gegenzug brachte er die Linien eines klassischen Tempels in Form der Walhalla in die Nähe von Regensburg. Im Laufe der dreißiger Jahre des 19. Jahrhunderts wurde Athen für einen König und 50000 Einwohner konzipiert. Knapp ein Jahrhundert später, 1920, hatte es einen neuen Monarchen, eine halbe Million Einwohner und hinkte der bayerischen Landeshauptstadt kaum mehr hinterher. Wie es wiederum einhundert Jahre später, im Jahr 2020, in Athen aussehen wird, wagt sich die heutige Regierung nicht einmal vorzustellen; unermüdlich entwirft sie wirkungslose Förderprogramme, die ihre Landsleute zum Leben in der Einöde (meint: außerhalb Athens) und zu Investitionen im »Niemandsland« überreden sollen.

Die meisten Griechenland-Touristen fliegen in dieses »Urlaubsland« – und landen erst einmal in Athen. Sollten Sie die Reise an Bord einer griechischen Olympic-Airways-Maschine zurückgelegt haben, können Sie vorerst aufatmen, denn abgesehen vom Heimflug haben Sie den gefährlichsten Teil Ihrer Reise überstanden. Zahlen vom Durchschnittsalter der Flotte und Beispiele aus den Bilanzen der von Onássis gegründeten, mittlerweile staatlichen Gesellschaft (von denen Sie wiederum auf den technischen Zustand der Flugzeuge und die Motivation der Piloten schließen könnten) will ich Ihnen ersparen. Daß Ihre Überlebenschance bei anderen Fluggesellschaften kaum besser oder schlechter ist, wissen Sie so gut wie ich. Denn daran, daß Fliegen die ungefährlichste Art der Fortbewegung sein soll, wollen wir ja alle nicht glauben. Spätestens am Taxistand dürfte Ihnen klarwerden, daß der Grieche ein völlig anderes Verständnis von Perfektion beziehungsweise dem Sinn und Nutzen der Technik hat. Ein Reifen beispielsweise wird erst dann gewechselt, wenn sich Lauffläche und Stahlgürtel in nichts aufgelöst haben.

EU sei Dank sind die früher sehr mißtrauisch genauen Grenzkontrollen insoweit gemildert worden, als sich die Zöllner und Grenzpolizisten nun in der Regel mit einem prüfenden Blick in den Paß begnügen. Aber nur in der Regel. Der Grieche, ob Zöllner oder Verkäufer, Hotelier oder Straßenkehrer, ist hauptberuflich Individualist. Deswegen macht er vorrangig das, was er oder wie er es persönlich für richtig hält; darauf in diesem Buch noch mehrmals zurückzukommen wird sich gar nicht vermeiden lassen. Wenn Sie länger als drei Monate in Griechenland bleiben möchten, gibt es prinzipiell keinen Grund, Ihnen als EU-Bürger die jeweils auf ein Jahr befristete Aufenthaltsgenehmigung zu verweigern. Wenn Sie dort nicht *leben* wollen, gibt es aber auch keinen vernünftigen Grund, ein solches Papier zu beantragen. Melden Sie sich bei der nächsten Polizeidienststelle (*astinomía*), wie es so schön heißt. Die Herren dort sind für die Ausstellung der nötigen Papiere zuständig. Erklären Sie den freundlich bis gelangweilt dreinblickenden Beamten, daß Sie vorhaben, sagen wir, acht Monate in Griechenland zu verweilen. »Schön«, wird man Ihnen sagen, Ihnen auf die Schulter klopfen, Sie zu einer Tasse Kaffee einladen oder zur Türe begleiten. *Das ist Griechenland!* Machen Sie sich keine allzu großen Sorgen darüber, daß Sie rein rechtlich gesehen im Unrecht sind.

In Griechenland den goldenen Mittelweg zu finden, ist für den »korrekten Europäer« schwierig. Genaugenommen dürfen Sie sich drei Monate in Griechenland aufhalten (Ihr Auto erstaunlicherweise sechs Monate). Da in Griechenland aber nichts *so* genau genommen wird, stoßen Sie mitunter auf wenig Verständnis, könnten sogar Unmut erregen, wenn Sie wegen solcher »Kleinigkeiten« den Amtsschimmel in Bewegung setzen wollen. Bei einer eher unwahrscheinlichen Polizeikontrolle, bei der Sie womöglich danach gefragt werden, wo Sie in Griechenland und wie lange schon wohnen, können Sie nach dem Motto verfahren: Was der Polizist nicht weiß, macht ihn nicht heiß – schließlich haben Sie keinen Stempel in Ihrem Paß. Sollte es aber tatsächlich hart auf hart kommen, müßten Sie theoretisch nachweisen können, wann und wo Sie nach Griechenland eingereist sind. Theoretisch, wie gesagt.

Bei einem Thema sind sich jedoch Grenzer und Polizei einig: Drogenbesitz – dafür genügt bereits ein Krümelchen Haschisch – gilt trotz einer gewissen Tradition in Griechenland als schweres Delikt und wird ausnahmslos mit einem langjährigen Freiplatz im Gefängnis vergolten. Und selbst die erbittertsten Gegner einer in Deutschland angelaufenen Diskussion über die eventuelle Freigabe sogenannter weicher Drogen würden dem Betroffenen bei einem Besuch in einem griechischen Gefängnis angesichts der herrschenden Zustände mitfühlend auf die Schulter klopfen und die Unverhältnismäßigkeit der Mittel beklagen.

Athen. Aus den überschaubaren Flughafengebäuden haben Sie problemlos herausgefunden. Selbst mit einem deutschen Provinzflughafen verglichen, besteht die Anlage aus nicht viel mehr als aus einer Landebahn mit Tower und Klohäuschen. Und plötzlich stehen Sie der Hälfte aller Griechen gegenüber. Siebentausend Menschen, etwa doppelt so viele wie in Berlin, leben hier pro Quadratkilometer. Wäre ich doch schon in Griechenland, denken Sie vielleicht...

Kalós írsate – Willkommen in Griechenland!

Athen, pochendes Herz Griechenlands (manchmal klingt Realität kitschig). Siebzig Prozent aller in Griechenland zugelassenen Personenwagen drängen sich auf den Straßen, 50 Prozent aller Häuser sind schwarzgebaut, schwarz verrußt sind eigentlich alle. Von den hundert größten Industriebetrieben sind dank guter Infrastruktur und einer jahrzehntelang sehr liberal geführten Wirtschaftspolitik neunzig in Athen anzutreffen; 70 Prozent der Gewerbebetriebe haben ihren Standort in der Hauptstadt, 60 Prozent aller im Großhandel Beschäftigten arbeiten in Athen, ebenso hoch ist der Prozentsatz von Ärzten, die sich hier niedergelassen haben. Athen gilt als die schmutzigste Großstadt Europas, ist die mit dem wenigsten Grün. Athen, das heißt 24 Stunden *rush hour*, ungeklärte Abwässer, unklar selbst, wie so viele Menschen mit Trinkwasser versorgt werden sollen.

Esel gibt es hier keine. Sie werden auf eines der gelben Taxis zusteuern. Daß Sie nicht auf die Reifen achten, haben wir schon ausgemacht. Hoffen Sie darauf, daß der Fahrer ein paar Brocken Englisch versteht, nennen Sie ihm Ihr Ziel, und fragen Sie ihn nach dem ungefähren Preis, *bevor* Sie Ihre Koffer einladen. Kein Grieche würde sich als Betrüger fühlen, wenn er Ihnen das Doppelte oder auch Dreifache des tatsächlichen Fahrpreises abknöpft, nur eben ein bißchen schlauer als Sie. Das wäre wieder etwas, worauf er stolz sein könnte – mit Betrug jedenfalls hätte das nicht das geringste zu tun. Wie solle er denn jetzt schon wissen, was die Fahrt kostet, wird er fragen, um Ihnen seufzend irgendwann doch einen Preis zu nennen. Verlangt er nicht mehr als, sagen wir, umgerechnet 15 Mark, können Sie beruhigt einsteigen, egal, ob er seinen Taxameter einschaltet oder nicht. Für 15 Mark kommen Sie auf jeden Fall zum Zug- oder Busbahnhof oder einem mehr oder weniger in der Innenstadt gelegenen Hotel.

Entspannen Sie sich, lehnen Sie sich zurück, und vermeiden Sie möglichst einen Blick auf den Tacho. Falls Sie Ihre ängstliche Neugierde nicht zügeln kön-

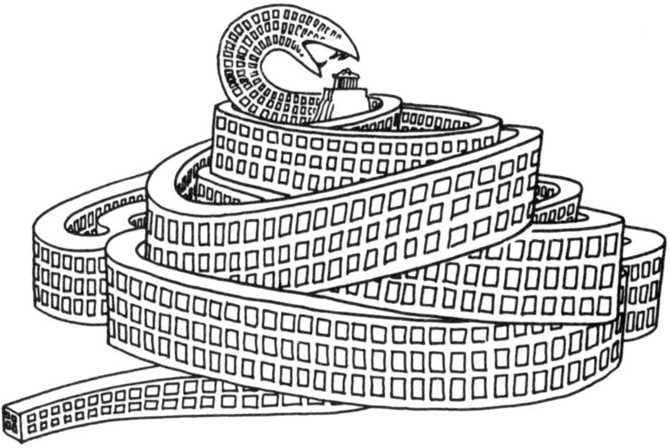

nen sollten und die Nadel irgendwo nahe der Hundert-Stundenkilometer-Marke pendeln sehen, dann werfen Sie wenigstens noch einen Blick auf den Kilometerstand. Haben Auto und Fahrer die letzten 600 000 Kilometer ganz offensichtlich glimpflich überstanden, wird auf den nächsten zwanzig wahrscheinlich auch nichts passieren.

Athen ist nicht geplant, nicht für den Menschen, nicht einmal für Autos. Zwar haben sich auch nach König Otto sehr viele Köpfe Gedanken über Bebauungs- und Flächennutzungspläne oder Verkehrssysteme gemacht, aber es hat um ein Vielfaches mehr Dickköpfe gegeben, die sich über solche Vorschläge und sogar Bestimmungen hinweggesetzt haben. Athen ist gewachsen: uferlos und unbekümmert. Athen ist das, was herauskommt, sobald jeder macht, was er will. Athen ist das, was für den Amerikaner des vorigen Jahrhunderts Sacramento war: die Stadt, in der man alles gewinnen kann. Mehr noch: In Athen zu leben gilt als Aushängeschild, als Statussymbol. Wer es zu etwas bringen will, *muß* einfach nach Athen, wenn nicht gleich ins Ausland. Athen verkörpert *the modern way of life* ebenso, wie es den Traum von Geld und Glück symbolisiert. Griechenland ist Athen. Athen ist Griechenland. Athen ist etwas, worauf man als Grieche von heute stolz sein kann – neben der großartigen antiken Vergangenheit, versteht sich. In Athen findet er das, was Sie in Griechenland nicht suchen: unkontrollierten Fortschritt.

Sie sind in Ihrem Hotel angekommen. Sie haben die Taxifahrt wider Erwarten unbeschadet überstanden. Der Fahrer schlägt noch rasch fünf Mark Koffergeld auf den Preis, obwohl sich während der Fahrt weitere drei Personen hineingezwängt haben und zwei mittlerweile wieder ausgestiegen sind. Das ist nun mal so. Merken Sie sich das für die Zukunft. Sie können jetzt auf Ihr Zimmer gehen und duschen, sofern es Wasser gibt. Sie können hoffen, daß die Klimaanlage funktioniert. Abends können Sie essen gehen und zwischen einer Suvláki-Bude und McDonald's wählen, zwischen Nouvelle Cuisine à la grècque und internationalen Spezialitäten. Nach dem sogenannten Continental Breakfast am nächsten Morgen werden Sie die Akropolis besuchen. Sie werden mit Ihrer Videokamera im Panoramaschwenk die Betonwüste Athen einfangen und sich dabei fragen, warum bislang niemand einen Smogfilter für das Objektiv erfunden hat. Nachmittags können Sie noch Plaka, Flohmarkt und Nationalmuseum abhaken, um dann endlich, endlich nach Griechenland aufzubrechen. Sie können sich aber auch noch ein paar Tage auf das Abenteuer Athen einlassen, um zu sehen, wie man in einem Sacramento so lebt.

Keine Eulen in Athen
oder: Urlaub auf dem Lande

Herr, Herr, da ist das Dorf!
Griechischer Führer 1809 zu Lord Byron, als Athen in Sichtweite kam.

Es kann tatsächlich schockierend sein. Sie kommen nach Athen, und Athen ist leer. Ich meine, all das, was Sie so nebenbei von dieser Stadt gehört haben – und keine Bestätigung! All das, wovor Sie Ihre Freunde gewarnt haben – warum nur?

Die Stadt ist tot, ein Großteil der Geschäfte hat geschlossen, die Straßen sind ausgestorben, die wenigen Tavernen, die geöffnet haben, ebenfalls... Wie einsam, wie menschenleer und langweilig muß erst das übrige Griechenland sein, wenn *das* das berühmt-berüchtigte Athener Chaos sein soll? Sie stehen verwirrt am verlassenen Omóniaplatz, dem angeblichen Zentrum dieser Weltstadt, und blicken irritiert in die Runde. Dann schlurft eine ältere Frau an Ihnen vorbei, bekreuzigt sich und murmelt *καλό πάσχα*!

Es kann einem durchaus passieren, nach Griechenland zu kommen und nicht zu wissen, daß Ostern ist. *Kaló páscha*, frohe Ostern. Der Zeitpunkt des Festes wird im orthodoxen Griechenland nach dem Julianischen und nicht nach dem Gregorianischen Kalender berechnet, und so fallen das deutsche und das griechische Osterfest selten auf denselben Termin. Da Ostern in Griechenland gleichsam wie Weihnachten und Sylvester in Deutschland zusammen ist, stehen die Griechen kopf: Athen präsentiert sich verlassen, während auf dem Land die Hölle los ist. Athen, so könnte man folgern, ist nicht der richtige Ort für eine Auferstehung – und damit recht haben. In Athen gibt es für viele Traditionen keinen Platz mehr.

Zu jedem anderen Zeitpunkt, an dem Sie in Athen ankommen, wird die Stadt Ihre kühnsten Befürchtungen bestätigen, und es könnte durchaus sein, daß Sie der leise Verdacht beschleicht, mit den Ferien in Griechenland werde es nicht so einfach sein, wie Sie sich das womöglich vorgestellt haben. Das will ich Ihnen nicht ausreden. Seien Sie tapfer, verlieren Sie nicht den Mut. Schließlich haben Sie es immerhin schon geschafft, vom Flughafen mit dem Taxi ins Hotel zu gelangen.

Wenn Sie in Griechenland ausschließlich einen geruh- und erholsamen Urlaub verbringen wollen, pakken Sie Ihre Koffer am besten gar nicht aus, sondern wechseln gleich in ein Hotel der L(uxus)-Klasse. Sterne gibt es keine. Die Hotelkategorien sind nach Buchstaben geordnet, und L steht für jene Häuser, wie Sie sie überall auf der Welt finden: Alles Landestypische wird schon an der Rezeption herausgefiltert, statt dessen strömt keimfreie Internationalität aus der (funktionierenden) Klimaanlage.

Ab A beginnt es so langsam griechisch zu werden, wobei Sie nur aufpassen müssen, daß Sie nicht einen besagter internationaler Kästen erwischen, denen, knapp an der L-Klasse vorbeigerutscht, allenfalls noch das trostlose Flair eines abgetragenen Smokings anhaftet. Ins Schwarze treffen Sie immer mit der *Xénia*-Kette, denn hier ist das Vorhaben, einen Smoking zu schneidern, doch sehr griechisch ausgefallen. Diese Hotels sind an praktisch allen touristischen Anziehungspunkten Griechenlands vertreten. Die meisten tragen das Prädikat A-Klasse, haben die beste Lage vor Ort, wurden in den siebziger Jahren gebaut und erinnern an unsere etwa im gleichen Zeitraum entstandenen Volksschulgebäude: praktisch und durchdacht konstruiert (Beton aus einem Guß), helle, moderne Zimmer mit großen Fensterflächen (und orangefarbenen Vorhängen) und staatlich verwaltet (meint: engagiertes Personal). Zu den einprägsamen Beispielen zählen das *Xénia*-Hotel in Aráchova (bei Delphi), ein Kasten, der sich weit wie ein witternder Schweißhund am Hang des Parnássos-Gebirges vorstreckt, oder jenes in Náfplion, ein stattlicher Komplex, der zum darunterliegenden Städtchen einen ebenso herrlich interessanten Kontrapunkt setzt wie die Akropolis zu Athen.

Weiter abwärts geht es auf der Kategorienleiter über die B-, C- und D- zur E-Klasse, von der gehobenen Mittelklasse bis zur Absteige also, von großzügigen Hotelanlagen mit (oft) Swimmingpool oder eigenem Strand, Tennisplatz, Hausdisko, Frühstücksbüffet und mitunter obligatorischer Halbpension, bis hin zu jenen Etablissements, in denen man sein Geschäft auf der Etagentoilette lieber nicht verrichten mag. Das Niveau der wenigen Jugendherbergen, die es in Griechenland gibt, läßt sich mit unserem aus dürftigen 26 Buchstaben bestehenden Alphabet nicht erfassen.

Die Einteilung in diese sechs Komfortstufen nimmt nicht der liebe Gott vor, obwohl man manchmal den Eindruck bekommt, daß nur Er wissen könne, nach welchen Kriterien die Buchstaben vergeben werden. Der wahre Herr von A bis E ist die EOT (Abkürzungen werden im Griechischen nicht buchstabiert, sondern gebunden gesprochen), die Griechische Zentrale für Fremdenverkehr. Alle Hotels, Pensionen, Privatzimmer und auch Campingplätze werden einmal im Jahr von dieser staatlichen Organisation kontrolliert und nach besagten Kategorien eingestuft. Das braucht Sie eigentlich nicht zu kümmern, denn die Kriterien durchschaut, wie Sie vielleicht ahnen, ohnehin niemand. Trotzdem hängt an jeder Zimmertüre ein DIN-A4 Blatt der EOT mit Stempel und Unterschrift, auf dem die Note eingetragen ist. Das ist Pflicht, und wo das Papier fehlt, will Ihnen der Portier für das Zimmer möglicherweise mehr abknöpfen, als es eigentlich wert ist. Denn zusätzlich zu jenem Buchstaben sind auf die Drachme genau die Preise für das

Zimmer aufgelistet, akribisch geordnet nach Vor-, Haupt- und Nachsaison, Einzel-, Doppel- und Dreibettzimmer sowie ein Extrabetrag für das Frühstück(chen). Da es in Griechenland praktisch keine Einzelzimmer gibt, sind Sie als Single etwa so beliebt wie jemand, der für ein Doppelzimmer 20 Prozent weniger bezahlt.

Athen ist prinzipiell nicht schwieriger zu entdecken, als das übrige Griechenland auch, zumal wenn man bedenkt, daß viele Touristen in Athen nicht viel mehr abgehakt haben als die Akropolis, die Plaka und das Nationalmuseum, so wie die meisten im Land gerade einmal Delphi, Olympia, Epidauros und die Meteora-Klöster fotografiert haben. Lassen Sie ihre Vorurteile im Hotelzimmer, vergessen Sie das mickrige Frühstück, das Krümelchen löslichen Kaffees in der Tasse mit lauwarmem Wasser, und wagen Sie einen imaginären Köpfer in die Athener Suppe. Den Athener verbindet mit seiner Stadt eine Art Haßliebe, und wenn Sie Athen verlassen haben und Ihre Freunde, wieder daheim, mit dem Ausruf verblüffen: »Athen ist phantastisch! Einfach grauenvoll!«, dann haben Sie es genau getroffen.

Es ist auf jeden Fall interessant, die Akropolis, das wohl vollendetste Bauwerk der Antike, zu besuchen, solange sie noch steht (und die Athener Kids dort in der Nebensaison beim Fußballspielen zu beobachten). Es gehört tatsächlich irgendwie zum Pflichtprogramm eines Griechenlandbesuchers, wenigstens zwei oder drei Stunden durch das Nationalmuseum, der bedeutendsten Sammlung antiker Kunst, zu schlendern (die noch bedeutender wäre, hätte der englische Archäologe Lord Elgin nicht so viel gestohlen*). Und es ist ohne Frage erheiternd, in der Plaka, den megatouristischsten Gassen Griechenlands, zu bummeln (und dabei schwitzende Landsleute beim Einkaufsrausch zu beobachten). Griechen sieht man in solchen Teilen der Stadt wenige.

Wer als Europäer von Athen spricht, meint eigentlich Groß-Athen. Denn Athen selbst zählt nur knapp eine Million Einwohner. Die übrigen drei teilen sich auf etwa achtzig Kommunen auf, die eingemeindet und mittlerweile mit der Stadt verwachsen sind. Verschiedene Regierungen haben verzweifelt versucht, der Zentrierung der Griechen auf Athen Einhalt zu gebieten. In regelmäßigen Abständen wurden Ringe um die Stadt gezogen, innerhalb derer es keine neuen Baugenehmigungen mehr geben sollte. Und parallel

* Dieser kleine Seitenhieb auf das British Museum in London, man könnte auch den Louvre in Paris, das Metropolitan Museum in New York oder die Musei Vaticani in Rom aufführen, könnte mir möglicherweise zum griechischen Gegenstück vom deutschen Bundesverdienstkreuz verhelfen. Doch leider zwingt mich mein Gewissen hinzuzufügen, daß Elgin nicht nur gestohlen, sondern auch bewahrt hatte. Die einzige Kore des Erechtheions, deren Konterfei durch Umwelteinflüsse noch nicht bis zur Unkenntlichkeit zerstört ist, steht im British Museum. Elgin hatte sie unter anderem 1801 nach London verschleppt.

dazu siedelten die Griechen fleißig weiter, in konzentrischen Kreisen nach außen versetzt. Es gibt kein Halten, Athen wächst. Mittlerweile ist praktisch ganz Attika Athen, selbst die nahe Insel Salamis kann man ohne Gewissensbisse hinzurechnen. Athen ist nicht nur die einzige wirklich große Stadt in Griechenland, Athen ist Weltstadt, Athen hat ein Flair, ist etwas Besonderes, wirkt einfach magisch auf den Griechen.

Daß Athen die schmutzigste Metropole Europas ist, daß mittlerweile jeder vierte Athener an Erkrankungen der Atmungsorgane und damit direkt oder indirekt an den Folgen des Smogs stirbt, daß es keine Spielplätze für Kinder gibt, viel zu wenige »grüne Lungen« zum Aufatmen, daß das Leben teuer ist, der madige Müll in zerfetzten Plastiktüten am Straßenrand stinkt – all das nimmt der Athener in Kauf, um nicht so rückständig zu leben wie seine Landsleute auf dem Land.

Die Akropolis gibt langsam auf – der Athener hält durch. Das Symbol der Göttin Athene, die weise Eule, hat die Stadt verlassen. Die Akropolis will sich ihr anschließen. 2500 Jahre hat sie relativ problemlos durchgehalten, jetzt droht sie an einem relativ einfachen chemischen Vorgang zu scheitern, der aufgrund schädlicher Umwelteinflüsse klassischen Marmor in profanen Gips umwandelt. Fragt man den Leiter der seit 1976 auf der Akropolis laufenden Restaurierungsarbeiten, wie er dagegen angehen wolle, verblüfft seine Antwort: Man forsche, erzählt er, mit aller Kraft und ersten Erfolgen nach einer Substanz, die diesen Vorgang wieder umkehren könne. Auf die vorsichtige Nachfrage, ob es nicht unter Umständen sinnvoller sei, bei den Ursachen dieser Reaktionskette anzusetzen, antwortet er milde lächelnd mit der Gegenfrage, was denn eine Legislaturperiode einer – falls es so etwas überhaupt geben sollte – umweltengagierten Regierung gegenüber der 2500jährigen Vergangenheit der Akropolis ausrichten könne.

Folglich gehört *ta néfos*, die Smogwolke, nach wie vor zum Athener Stadtbild. Da hilft es wenig, die Nachbarn der Akropolis dazu zu überreden, ihren rußenden Ölofen durch eine Gasheizung zu ersetzen; und es half kaum mehr, daß abwechselnd nur noch Autos mit gerader beziehungsweise ungerader Nummer fahren durften – die Athener legten sich flugs einen Zweitwagen zu.

Das Problem Athens besteht nicht darin, daß sich Tag für Tag etwa dreihundert weitere Griechen Athener nennen, obwohl die Stadt dadurch jährlich um rund 100000 Menschen wächst. Das Problem ganz Griechenlands ist, daß es sich zunehmend europäisch gibt und dennoch griechisch bleibt. An der Hauptstadt werden solche Züge besonders deutlich. Da fährt man mit seinem Auto unbekümmert drauflos, obwohl in der Stadt mittlerweile über eine Million Blechkarossen herumkurven, deren Fahrer alle eine sehr individuelle Verkehrsauffassung haben; da sind die Leistungen der Sozialversicherung weiterhin so bescheiden, daß man auf die Unterstützung der Verwandtschaft angewiesen ist, obwohl die (Groß-)Familie gerade in der Stadt immer kleiner wird; da fließt das Abwasser weiterhin ungeklärt ins Meer, obwohl es sich mittlerweile zu Abwasserfällen summiert; da werden Gesetze erlassen – und immer öfter mit Nachdruck durchzusetzen versucht –, obwohl sie sich kaum realisieren lassen.

Thema Parkplatzsuche beispielsweise: Von Rechts wegen – und der Einfachheit halber – war es überall und seit jeher in Athen verboten zu parken. Eine Formalie vom grünen Tisch, eine Vorgabe, die es schließlich in jeder größeren Stadt Europas gibt und, auch das ist ja Praxis, ohne die Alternative eines funktionierenden städtischen Verkehrsverbunds. Autofahrer und Polizisten stimmten darin überein, daß man sein Auto einfach dort abstellte, wo es für einen am praktischsten war. Alles andere wäre unnatürlich, und abgesehen davon, daß irgendwelche Reisebuchautoren das Thema Verkehr mit Adjektiven wie »chaotisch« oder »unvorstellbar« ausschmücken, kannte man keine Parkplatzprobleme. Doch die Herren am grünen Tisch störten das natürliche Gleichgewicht der Verkehrswelt, indem sie an die niederen Instinkte (und schmalen Lohntüten) des Menschen appellierten und das »Kopfgeld« einführten. Seit Anfang der neunziger Jahre erhalten Polizisten ordentliche Tantiemen für ihr Strafzettelbuch.*

* Ein guter Bekannter und regelmäßiger Griechenlandbesucher versucht, den Schreibdrang der »Kopfgeldjäger« mit Hilfe seines Blutspendeausweises einzudämmen, den er auf

Wenn Ihr Hotel im Zentrum Athens liegt, wohnen Sie aller Wahrscheinlichkeit nach irgendwo zwischen der Akropolis, dem Syntágma- und dem Omóniaplatz. Zur Orientierung soll und muß Ihnen genügen, daß diese drei Punkte ein mehr oder weniger rechtwinkliges Dreieck bilden, mit der Verbindung zwischen Akropolis und Omónia als Hypotenuse (Pythagoras hätte an diesem Stadtbild seine Freude gehabt). Viel mehr verstehen selbst Taxifahrer nicht von Mathematik. Hotels, die Wert darauf legen, daß ihre Gäste sie finden oder wiederfinden, lassen einen Ausschnitt des Athener Stadtplans auf die Rückseite ihrer Visitenkarten drucken. Das erhöht auch die Chance, den Taxifahrer zu überzeugen, daß Ihr Hotel tatsächlich in Athen und nicht in irgendwelchen spanischen Dörfern liegt. Vorausgesetzt, Sie bekommen überhaupt ein Taxi.

Am Flughafen ist das kein Problem; auch ein gutes Hotel wird Ihnen behilflich sein; um aber einen mit achtzig Sachen um den Omóniaplatz nagelnden gelben Blitz zum Abbremsen zu motivieren, bedarf es erheblichen körperlichen und geschickten sprachlichen Einsatzes. Körperlich, weil ein schüchternes Winken alleine nicht genügt (das sollten sich auch

dem Armaturenbrett deponiert, in der Zuversicht, das Papier werde dank seines roten Kreuzes und seiner vielen Stempel die Polizei beeindrucken – was es auch mehrfach getan hat. Angesichts der Tatsache, daß man nicht mehr unter 80 Mark plus, in ungünstigen Fällen, Reifenkralle wegkommt, beweist er Mut.

Tramper merken). Und sprachlich, weil Sie dem Fahrer blitzschnell durch sein geöffnetes Fenster Ihr Ziel zurufen müssen (Taxis bleiben nie stehen, sie bremsen höchstens ab), genauer gesagt: Ihr *ungefähres* Ziel. Hüten Sie sich davor, eine Seitengasse zu nennen, die Sie a) falsch aussprechen und die b) der Fahrer sowieso nicht kennt. Er wird gnadenlos wieder aufs Gaspedal treten.

Taxifahrer sind genauso eigen wie alle Griechen, nur schneller. Erstens hat es aufgrund der großen Nachfrage kein Taxifahrer nötig, Sie mitzunehmen (und wenn doch, würde er es nie zugeben). Zweitens will er keine komplizierten Fahrgäste, solche, die er nicht versteht, die viel Gepäck oder Sonderwünsche haben, die nicht wissen, daß sie sich den Stand des

Taxameters merken müssen, wenn sie in ein schon besetztes Taxi zusteigen. Und drittens muß Ihr Ziel annähernd auf seiner Route liegen. Rufen Sie dem Fahrer einen bekannten Ort zu, der nahe an Ihrem Ziel liegt: Akropolis, Syntágma, Monastiráki..., oder beschränken Sie sich gleich auf den Namen des Stadtviertels, sollte Ihr Hotel etwas außerhalb liegen. Aber achten Sie auf die korrekte Betonung: Kólonaki versteht niemand; Kolonáki!

Da Sie also nur schwer ein Taxi erhaschen, mit Ihrem eigenen Wagen unweigerlich im Stau steckenbleiben und obendrein an der Parkplatzsuche scheitern, da Sie das Bussystem niemals durchblicken werden und das U-Bahn-Netz aus einer einzigen 22 Kilometer langen Strecke besteht, die von Piräus durch das Zentrum (Monastiráki) nach Kifisía führt, bleibt Ihre Bewegungsfreiheit beschränkt, so daß Sie sich zu Fuß durch Athen schlagen müssen. Doch das soll sich ändern. Darauf warten, bis man mit Hilfe des Brüsseler sogenannten Delors-II-Pakets tatsächlich das Abenteuer des Athener Verkehrschaos mit einem richtigen U-Bahn-Netz untergraben hat, sollten Sie nicht. Zwar sind die Bauarbeiten im Gange, aber man kann davon ausgehen, daß – ähnlich wie in Rom – bei jeder Scherbe eines Blumentopfes, die in der geschichtsträchtigen Erde Athens gefunden wird, von den Archäologen erst einmal ein Baustopp durchgesetzt wird.

In Athen fasziniert das Durcheinander, das direkte Nebeneinander von Akropolis und Andenkenshops,

Kafeníon und Kino, Bars und Botschaften, Stadion und Smog, von Orient und Okzident, das man ohnehin nur zu Fuß erleben kann. Abgedroschene Phrasen wie »buntes Treiben« oder »quirlige Lebendigkeit« gewinnen ihre ansonsten seltene Berechtigung bei der Beschreibung dieser Stadt. Direkt am Syntágmaplatz, in den Schalterhallen der National Bank of Greece, befindet sich ein Stand der Griechischen Fremdenverkehrszentrale EOT, der kostenlos Stadtpläne, Museumslisten mit Öffnungszeiten, Unterkunftsmöglichkeiten und ähnliches verteilt.

Das Leben spielt sich auf der Straße ab. Wenn Sie sich irgendwo nach dem Weg erkundigen, fragen Sie noch einmal nach: *aristerá i dexiá*, links oder rechts. Es ist beinahe symptomatisch für die meisten Griechen, daß sie die beiden Seiten miteinander verwechseln, insbesondere wenn sie noch Fremdwörter wie *left or right* deuten müssen.

Athen mag jenem Zeitgenossen ein Greuel sein, den dieses Nebeneinander von Moderne und Tradition, von elitären Wohn- (Kifisiá) und orientalisch anmutenden Handwerkervierteln (Psirí) nicht beeindruckt, der sich von den Menschenmassen nicht treiben lassen kann, der seine Ellenbogen nicht einzusetzen wagt, sollte er doch einmal das Busfahren ausprobieren, der keinen Spaß daran findet, Ölsardine (im Bus) und Pfadfinder (im Straßendschungel) zu spielen. Gefährlich ist die Großstadt Athen nicht, wenn man ihre Kriminalitätsrate anderen europäischen Metropolen gegenüberstellt und gleichzeitig als Fußgänger nicht vergißt, daß die motorisierten Artgenossen sich das Recht des Stärkeren herausnehmen.

Dem Griechen bietet die Stadt κόσμοσ in Vollendung. *Kósmos*, also Leben, Abwechslung, den Esprit des Augenblicks. In Athen gibt es Kafenía in allen erdenklichen Versionen: vom kleinen, schäbigen, mit den schmuddeligen Blechtischen neben der öligen Werkstatt in der Seitenstraße bis zum großzügigen, städtischen, nach unseren Vorstellungen auch nicht gerade gemütlichen, aber mit einem Schuß von Weltmännischkeit an den großen Plätzen. In ersterem sitzen die »Nachbarn«, der Schneider, der sein Geschäft im Auge behalten kann und aufspringt, sobald Kundschaft naht, der Rentner, der Metzger mit blutbespritzter Schürze auf eine Zigarette, der umherziehende Losverkäufer, der eine Pause macht; hier verliert die Großstadt ein bißchen ihre Fremdheit. Das »Weltmännische« ist schon viel anonymer, lauter und dadurch weniger signifikant; neben der Stammbesetzung drängt sich die Laufkundschaft. Wie auf dem Land sind die Stühle zur Straße ausgerichtet, wie auf dem Land verirrt sich selten eine Frau in diese Männerwelt, wie auf dem Land pflegen die Griechen hier ihr einziges Hobby: die Unterhaltung.

Darüber hinaus, und das ist der Unterschied zur Provinz, haben sich Lokalitäten etabliert, wie wir sie kennen: Eisdielen, Nachtclubs, Bars, Diskotheken (mit so schönen Namen wie »Mercedes-Disko«), Spielhallen, Kinos, Fitneßcenter, Beate-Uhse-Läden, Restaurants.

Athen bietet den räumlichen Abstand zur Oma, die auf dem Land weiterhin Hüte flicht und nun nicht mehr den gesellschaftlichen Umgang ihrer Kinder und Enkelkinder kontrollieren kann. Der Einfluß der Alten schwindet und mit ihm viele traditionelle Ideale. Der Satz »Papa, das ist heute so ...« findet häufige Berechtigung, denn der Vater weiß, daß heute tatsächlich vieles anders ist, und der Großvater kann nicht mehr kategorisch bestimmen: »Das war noch nie so.« Athen ist das Griechenland, das sich im Umbruch befindet, das neue Wege geht und auch gehen kann; Wege, die allerdings noch auf keiner Straßenkarte skizziert sind. Vor allem der Jugend bietet die Großstadt ein unvergleichliches Maß an persönlicher Freiheit. Und sei es nur die, mit der Freundin Hand in Hand spazierengehen zu können.

Athen treibt schon die ersten expressionistischen Blüten. Dazu zählt nicht etwa, daß sich wohlhabendere Familien im Winter den Skiständer aufs Autodach schnallen und im Gebirge Pistensau spielen. Nein. Dazu zählt – und jetzt müssen Sie wirklich durch die griechische Brille blicken, um diesen Gipfel an Extravaganz zu begreifen –, daß die ersten Landflüchtlinge tatsächlich das Häuschen ihrer verstorbenen Eltern im »Niemandsland« renovieren und als Zweitwohnsitz ausstatten. Urlaub auf dem Lande – eine doppelte Revolution, denn Urlaub machen nur die Fremden, und vor dem Landleben war man schließlich geflüchtet. Wie abwegig eine solche Entwicklung ist, zeigt das etwas andere Restaurant.

McDonald's hat sich mit sicherem Gespür für die beste – griechische – Lage den Syntágmaplatz, den Platz der Verfassung, als einen Athener Stützpunkt ausgewählt. An keinem anderen Platz in Athen dürfte mehr *kósmos* sein – vom Verkehrsaufkommen her könnte man ihn gut mit dem Inntal-Dreieck vergleichen.*

Überall Leben und Abwechslung. Imbißbuden, in denen *tiropitákia*, die mit Schafskäse gefüllten Blätterteigtaschen, verkauft werden, ein Stand mit Hunderten von Elektroweckern, die alle gleichzeitig nach Kundschaft piepsen, der Mann, der schnelles Glück verspricht und seine Lose in einer Art Sprechgesang anpreist (»Superchancen« jeden Tag...), marmorumkleidete Bankgebäude mit unwilligen Angestellten hinter der Panzerverglasung, halbfertige Bauruinen, hupende Taxis, der Handwerker, der sich – weiß Gott, warum – darauf spezialisiert hat, diese unbequemen griechischen Stühle zu basteln, oder einer, der aus Blech Eimer und Ofenrohre, Ölkannen und Trichter formt. Besuchen Sie die *agorá*, die Markthallen, direkt im Zentrum gelegen. *Das* ist Athen! Um sieben Uhr früh, möglichst an einem Samstag, muß man dort sein. Die Händler beginnen schon drei Stun-

* Die jüngste »europäische Errungenschaft« der Viermillionenstadt ist übrigens eine ζωνη για τους πεζους, eine Fußgängerzone! Seit 1995 soll die Fläche des schon beschriebenen Dreiecks zwischen Sýntagma-, Omónia- und Monastiráki-Platz für Autos tabu sein. Nur eine Bemerkung dazu: Sollten Sie zu Fuß unterwegs sein, passen Sie auf, daß Sie nicht unter die Räder kommen...

den früher, ihre Waren aufzubauen. Hier drängen sich die Athener, alle Athener. Vom zahnlosen Muttchen, das sich zwei Fischköpfe für seine Suppe kauft, bis zum dynamischen Jungmanager im roséfarbenen Hemd, das Sakko lässig über der Schulter. Gönnen Sie sich vielleicht vorher einen kleinen Ouzo, wenn Sie ein nervöser Magen plagt und Sie nicht mehr so genau in Erinnerung haben, daß ein Schnitzel aus einem aufgebrochenen Schwein stammt, das kopfüber an einem Fleischerhaken hängt – in der sterilen deutschen Metzgerei kann man so etwas leicht vergessen. Dicht an dicht hängen die geschlachteten Tiere, Schweine neben Lämmern, Kälbern, Zicklein, dazwischen Hunderte von 25-Watt-Glühbirnen auf Augenhöhe, deren weiches Licht dem Fleisch seine vorteilhafte Farbe verleiht, lärmendes Volk, schreiende Händler. In der Fischhalle kann man das Stück Schwertfisch, die Seezunge, die Meeräsche noch anfassen und am Kopf riechen, ob die Ware auch wirklich frisch ist, in den Gemüse- und Obsthallen von den Weintrauben kosten. Kurz: alles in die Hand nehmen, bevor man es kauft.

Ein paar Häuserblocks weiter Stoffhändler, die im grauen Anzug vor der Türe auf Kundschaft warten, junge Polizistinnen mit dunkler Sonnenbrille, weißen Handschuhen und Trillerpfeife, Geflügelhändler; enge Gassen, großzügige Plätze, das Parlament, die Universität, das Nationalmuseum, das Observatorium, die noch aus Zeiten stammen, in denen Ottos angereiste Architekten das Stadtbild planten. Heute planen Ministerien zum Leidwesen des Bürgermeisters von Athen, der aus eigener Befugnis nicht einmal eine Ampel aufstellen lassen darf. Der glücklose König Otto wurde aus Griechenland vertrieben und starb im Juni 1867 verbrämt im fränkischen Bamberg (er wurde auf seinen ausdrücklichen Wunsch in griechischer Nationaltracht beigesetzt). Der jüngste Athener Bürgermeister verschied 1992 im Krankenhaus nach einem Herzinfarkt. Er muß ein ähnlicher Griechenlandfan wie Otto gewesen sein, sonst hätte er das Bürgermeisteramt wohl niemals angenommen haben können.

Oder die Freiluftkinos! 38 Stück haben den Kampf gegen die Videorecorder noch nicht aufgegeben, 750 waren es in den fünfziger Jahren. Es gibt kaum etwas Entspannenderes, als sich bei einbrechender Dunkelheit einen Klassiker im O-Ton (mit griechischen Untertiteln) anzusehen; die meisten Kinosäle haben im Sommer geschlossen, denn wer ein Freiluftkino in der Nähe hat, geht kaum freiwillig in einen muffigen Keller. Auch der an *antiken* Klassikern Interessierte braucht auf die Open-Air-Atmosphäre nicht zu verzichten. Im nahe der Akropolis gelegenen Herodes-Attika-Theater (wie u. a. in Epidauros) werden im Sommer antike Komödien und Tragödien aufgeführt.

Am späten Abend schlendern Sie vielleicht zum Kolonákiplatz, dort, wo man sich zeigt und gesehen wird, auf dem Hunderte von Tischen und noch mehr Stühle dicht an dicht stehen, wo die Kellner erst nach

22 Uhr ins Schwitzen kommen. Die etwas gehobenere Gesellschaft trinkt in diesem exklusiven Geschäftsviertel ihr Bier, nördlich der Universität – Exarchía heißt die Gegend – treffen sich die Studenten in dem Viertel, das sie Anarchía nennen.

Wo kein Lärm ist, ist kein Leben. Wo kein Leben ist, ist keine Anonymität. Die auf dem Dorf so beklemmende soziale Kontrolle ist in einer solchen Stadt nicht mehr möglich. Viele Alte zogen nach Athen, um Geld zu verdienen, viele Junge, um die Freiheit zu genießen. Stadtluft macht frei – *ta néfos* hin oder her. Athen ist für den Griechen die Stadt der unbegrenzten Möglichkeiten, zumal es auf dem Land vergleichsweise wenige gibt.

Daß eine erste zaghafte Rückentwicklung tatsächlich begonnen hat, das zeigt Kalamáta. In unseren Augen ein Provinzstädtchen, ist es mit seinen rund 50000 Einwohnern immerhin die zweitgrößte Stadt auf der Peloponnes, nach Pátras. 1986 wurde Kalamáta von einem schweren Erdbeben fast restlos zerstört. An jenem Tag sollte im Rahmen eines großes Festes eine Fährlinie nach Kreta eingeweiht werden; die ganze Stadt war buchstäblich aus dem Häuschen – und die Katastrophe forderte deshalb »nur« 26 Tote. Fünfzig Prozent der Häuser stürzten ein, die andere Hälfte war kaum mehr bewohnbar. In aller Eile wurden aus allen Teilen Europas Wohncontainer herbeigeschafft, um die Bevölkerung unterzubringen. 1993, also sieben Jahre später, lebten noch immer sechshundert Familien in den Notunterkünften. Die wenigsten deswegen, weil für sie der Wechsel in den Container mit fließendem Wasser und Stromversorgung einen sozialen Aufstieg darstellte. Die Mehrzahl, weil sie in den Containersiedlungen die lange vermißte dörfliche Atmosphäre wiedergefunden hatte: das Stückchen Erde für den Gemüsegarten, die Hühner, die hinter dem Häuschen – auch wenn's ein Container ist – scharren, das Nachbarschaftsverhältnis, das in einem Wohnblock eben nicht aufkommt.

Das übrige Griechenland, die andere Hälfte, auch Kalamáta, ist zweifellos Provinz und »dörfliche Atmosphäre«. Die *andere* Hälfte, schreibe ich ganz bewußt, denn die *bessere* Hälfte ist ja für so viele Griechen Athen. Lassen wir Groß-Thessaloniki mit seiner knappen Million Einwohner noch als Großstadt durchgehen. Auf Platz drei liegt Pátras, mit nur noch 150 000 Einwohnern, Larissa und Iraklion (Kreta) wetteifern um die 100 000-Marke, und vor dem schon erwähnten Kalamáta liegt nur noch Volos mit etwa 60 000 Einwohnern. Alles andere – und eigentlich nicht einmal das – ist, aus städtischer Sicht, kaum der Rede wert.

Po-po-po würde ein stolzer Maniote sagen, einer, der in Kalamáta, der südlichsten »Stadt« auf dem griechischen Festland, lebt und seinem Töchterchen seit zwei Jahren den Unterricht auf der Musikschule bezahlt.

Augenblick mal
oder: Der Traum von Geld und Freiheit

> Jeder Grieche träumt davon, dorthin [nach Amerika] zu gehen, um das Huhn zu entdecken, das goldene Eier legt. *Henry Miller*

Das Haus, in dem ich lebe, steht am Rande eines kleinen Dorfes. Die Gegend ist verkehrsberuhigt, könnte man euphemistisch sagen. Ehrlicher ist es wohl zuzugeben, daß die Gassen so eng sind, daß kein Auto hindurchpaßt. Ansichtssache. Ich trage meine Einkäufe zum Haus, auch die Gasflasche für den Herd oder den Kasten Bier.

Es gibt weder Briefkästen im Dorf noch ein Postamt *(tachidromío)*; Stavros, der Postbote, deponiert die Post im kleinen Laden am Platz und holt im gleichen Zug aufgegebene Briefe ab. Die kontroverse Diskussion, die Anfang der neunziger Jahre in der Bundesrepublik ausbrach, als die Deutsche Bundespost vorschlug, in kleineren Gemeinden nach ähnlichem Prinzip zu verfahren, könnte hier niemand nachvollziehen.

Ein Expreßbrief nach Deutschland ist ungefähr vier Tage unterwegs. Drei Tage benötigt er für die 350 Kilometer zum Athener Flughafen, zwei Stunden reist er im Flugzeug und maximal einen Tag dauert es noch innerhalb Deutschlands, bis der Postbote beim Empfänger an der Haustüre klingelt oder den kleinen gelben Aufkleber »Bitte schauen Sie sofort in Ihren Briefkasten« an denselben klebt. Die donnerstags in Deutschland erscheinende Wochenzeitung, die ich abonniert habe, trifft nach undurchschaubaren Regeln irgendwann zwischen dem Freitag und dem Freitag der darauffolgenden Woche ein.

Längere Telefaxe sende ich grundsätzlich in mehreren Etappen, weil die Leitung im Durchschnitt nach der dritten Seite zusammenbricht. Mein Telefonanschluß kam bis vor kurzem nicht vom Verteilerkasten, sondern vom Nachbarhaus und war so »schwarz« wie die Kleidung der achtzigjährigen Frau, die dort wohnt. Ich bezahlte als Gegenleistung ihre Gebühren mit. Den Herren von der OTE, der staatlichen Telefongesellschaft Griechenlands, war dieser »Nebenanschluß« seit Jahren bekannt. Ihnen war gleichfalls bekannt, daß nach Antragstellung auf ein Telefon im Durchschnitt (1992) sechzig Monate vergehen, bis der Anschluß schließlich ins Haus verlegt wird (EU-Durchschnitt: ein Monat).

In dem kleinen Laden am Platz, der sich *supermarket* nennt, bezahlt man auch die Wasser-, Strom- und Telefonrechnung. Die Höhe meiner Telefonrechnung beziehungsweise der meiner Nachbarin, war alle zwei

Monate aufs neue Gesprächsthema im Dorf. In einem Land, in dem die Unterhaltung ein Breitensport ist, will sich niemand über Dinge wie Datenschutz Gedanken machen. Und wo man praktisch alles bar bezahlen muß, weil etwas wie ein Girokonto noch die Ausnahme ist, ließen sich strengere Grundsätze auch gar nicht verwirklichen. Diskret kann man in Griechenland mit Geld ohnehin nicht umgehen. Der größte Schein – 10000 Drachmen – war 1995 ganze 60 D-Mark wert (1 Mark = 165 Drachmen). Man bezahlt in Bündeln.

Schlecht ist der Supermarket, das einzige Geschäft im Ort, eigentlich nicht. Vagélis richtet sein Angebot recht gut nach den Bedürfnissen der Dorfbewohner, vor allem auch jener, die das Dorf selten oder nie verlassen, weil sie zu alt sind oder kein Auto haben: Lebensmittel, Radiergummis, Pampers, Gefrierkost, Wein, Blumentöpfe, drei, vier verschiedene Käsesorten, Eier, abgepackter Schinken, passende Postkarten vor den Feiertagen, vor der Olivenernte ein paar Handsägen, Rechen, Planen und Jutesäcke; Zeitungen, Zeitschriften, ab und zu der *Playboy*, außer Milch jedoch (montags, mittwochs, samstags) nichts Frisches. Dafür sorgen »fliegende« Händler, oft Zigeuner, mit ihrem Pick-up und einem großen Lautsprecher auf dem Dach des Fahrgastraums. *Psária fréska* (frische Fische), *lemónia* (Zitronen), *portokália* (Orangen), was auch immer, *karékles* (Stühle) sogar, scheppert es dann aus dem Lautsprecher, Gemüse, Obst, Krämerwaren, Stoffe, Schuhe – je nachdem, was der Händler geladen hat. Die Kundschaft trifft, sich am Klang der anschließend eingeschalteten Musik orientierend, nach und nach an seinem Standort ein. Eine Stunde später kommt das nächste Dorf an die Reihe.

Weniger komfortabel ist die Müllentsorgung. Der Lastwagen, der die schwarzen Plastiksäcke abholt – natürlich nicht am Haus, sondern an einem zentralen Sammelplatz –, kommt jeden Dienstag früh gegen halb acht. Das heißt, man kann seinen Müll frühestens am Montag abend bereitstellen, sonst zerfetzen streunende Katzen und Hunde die Säcke und verstreuen deren Inhalt im Dorf. Mülltonnen gibt es keine. Nun, differenziert betrachtet, gibt es schon so etwas Ähnliches. Kürzlich erst wurden in der Gegend Müllcontainer angeschafft – einer für jedes Dorf. Ich lernte es sehr schnell wieder zu schätzen, meinen Abfall nun nicht mehr termingebunden entsorgen zu müssen. Doch die Freude währte nicht lange, denn nach vier Wochen war der silberne Kasten mit einer schweren Kette versperrt. Das Geld der Gemeinde hatte für die Behälter, aber nicht für den geeigneten Müllwagen gereicht, und die Arbeiter hatten es sehr schnell satt, in die Container hineinzukriechen und den Müll herauszuzerren. Ich habe Verständnis und deponiere meine Säcke wieder jeden Montag – neben dem Container.

Das erste Gerücht, das mir damals, als wir in dieses Dorf gezogen sind, über meine Frau und mich zu Ohren kam, war gar keines: *Der* Fremde (Mann!) hängt

Wäsche auf! Was man in diesem Zusammenhang über *die* Fremde erzählte, haben wir nicht herauszufinden versucht. Probleme hat es bislang nie gegeben, und man hatte auch die Situation nicht ausgenutzt, daß meine Frau anfangs im Singular die zweite mit der dritten Person verwechselte und alle möglichen Verkäufer fragte: »Wieviel kostest du?«

Das völlige Unverständnis der meisten unserer Nachbarn ziehen wir lediglich mit der Tatsache auf uns, daß wir freiwillig hier leben. Die Provinz bietet in den Augen der Griechen wenig Reize, mehr noch, sie ist *out*. Landwirt oder Ziegenhirt zu werden ist kein Berufsziel für die Jugend, die mit dem Fernseher groß geworden ist. Außer der Tourismusbranche, die meist mit hohen Investitionen verbunden ist, gibt es nur zwei »vernünftige« Möglichkeiten: Athen oder Ausland.

Ende des vergangenen Jahrhunderts begann Griechenland den Traum von Amerika zu träumen. In den sechziger Jahren unseres Jahrhunderts wurde Europa bevorzugtes Ziel. Etwa eine Million, zehn Prozent der Bevölkerung, verließ allein in jenem Jahrzehnt ihre Heimat, 900 000 davon halfen den Deutschen bei ihrem Wirtschaftswunder. Siebzig Prozent der Griechen schafften als ungelernte Arbeiter in der Bundesrepublik, für viele blieb der Traum vom großen Geld ein Wunsch –, für manche wurde das Leben zum Alptraum. Daß nur eine Handvoll Rückkehrer bei anonymen Umfragen angekreuzt hatte, das vorab gesteckte Ziel erreicht zu haben, ist heute kein Thema in Griechenland. Es gibt zu viele, die es wirklich geschafft haben. *Sie* sind jedenfalls willkommen. Als Gastfreund werden Sie nicht mehr empfangen, allerdings auch noch nicht als Ware Tourist gehandhabt.

Knapp drei Millionen Griechen leben nach wie vor im Ausland, verstreut nicht nur in Europa, sondern über die ganze Welt. Ihre Überweisungen sind für Griechenland übrigens nach EU-Zuschüssen und den Einnahmen durch den Tourismus die wichtigste Devisenquelle. Bei denen, die zurückgekommen sind, verklärt die Erinnerung die Realität. Doch welcher enttäuschte Heimkehrer wird vor den alten Nachbarn schon zugeben, daß der große Schritt, die Heimat zu verlassen, den Aufwand nicht gerechtfertigt hat. Für einen alten Mercedes hat es Gott sei Dank fast immer gereicht.

Die Ambivalenz der Migration ist den Griechen durchaus bewußt. Einerseits, darin ist man sich einig, ist Hellas das schönste Land der Welt, andererseits ist es sehr schwer, dort wirklich etwas auf die Beine zu stellen. Statt dessen hat man – oder nimmt man sich – zuviel Zeit zum Leben, dafür genießt man zu oft den Augenblick. In die Fremde ging man, um viel Geld zu verdienen, vielleicht auch, weil man dachte, daß dort leichter mehr zu verdienen sei, was keineswegs verschwiegen wird. *Polí duliá, polí leftá*, viel Arbeit, (aber auch) viel Geld ist ein in diesem Zusammenhang geläufiges Sprichwort.

Der heutigen jüngeren Generation geht es weniger ums Auto (obwohl gegen einen feschen Schlitten natürlich nichts einzuwenden ist) als vielmehr um persönliche Individualität, um ein höheres Maß an Selbstbestimmung und darum, als Voraussetzung dafür, ein Terrain zu finden, das überhaupt Raum für Selbstbestimmung und Individualität bietet: Großstädte. Da es deren nur zwei gibt, konzentriert sich alles auf Athen und Thessaloniki. Ins Ausland zu gehen liegt nicht mehr im Trend.

Auf dem Land jedenfalls fehlen die Möglichkeiten, auf dem Land ist nichts los. Und selbst wenn dort etwas los wäre, gäbe es für den Nachwuchs, speziell für Mädchen, kaum eine Chance, das Angebot zu nutzen. Der traditionelle Einfluß der Alten ist zu groß, die patriarchalischen Rollen sind zu festgefahren. Auf dem Land gibt es noch die »gute Partie«, auch wenn *sie* noch minderjährig ist und *er* die Dreißig schon überschritten hat. Wer nicht mitspielt, fällt aus der Rolle; wie das Mädchen im Nachbardorf, das mit seinem Freund durchgebrannt ist. Zwei Tage später hat der Vater die persönliche Habe der jungen Frau auf der Straße verbrannt – auch wenn eine Minderheit darüber inzwischen den Kopf schüttelt.

Zurück zum Mercedes. Ich weiß nicht, welchen Autotyp Sie bevorzugen, aber Sie sollten wissen, daß es nur eine Marke gibt, die für Sie als Deutschen in den Augen der Griechen als standesgemäß gilt. Früher fuhr ich selbst einmal ein solches Modell. Ehrlich gesagt, bin ich froh, den Wagen mittlerweile wieder los zu sein. Nicht, daß ich etwas gegen Konversation hätte, aber nie zuvor mußte ich mich derart lange über Autos unterhalten wie in Griechenland über diese Marke. Denn allen Gerüchten zum Trotz muß selbst ein so renommiertes Fabrikat gelegentlich in die Werkstatt; noch heute erinnere ich mich, je nach Laune mit Grauen oder Entsetzen, an die stundenlangen diagnostischen Gespräche, an den zigmal wiederholten Lebenslauf – den des Autos, nicht meinen! –, den ich vor jeder Reparatur mit angemessener Begeisterung herunterleiern mußte.

In Griechenland hat man Zeit. Sie möglicherweise nicht, aber jeder Grieche, und seinesgleichen ist meist in der Überzahl. Mögen Sie sich vielleicht darum bemühen, in kurzer Zeit viel Geld zu verdienen, um anschließend freie Zeit zur Verfügung zu haben, die Sie dann wiederum mit vielen Freizeitaktivitäten ausfüllen: Der Grieche ergreift schlichtweg *jede* Chance beim Schopf, den schönen Augenblick zu genießen. Warum soll er die Situation, an einer Bushaltestelle zu stehen, an der ihn irgendwann einmal der Bus aufliest, als »warten« bezeichnen, wenn er gerade eine nette Unterhaltung mit einem anderen, sogenannten Wartenden führt? Ihre Ungeduld würde jeden Griechen irritieren. Was soll den Werkstattmeister veranlassen, andere Autos zu reparieren, wenn er mit mir, einem Fremden, diskutieren kann, einem, der womöglich ganz neue Aspekte zum Thema beisteuern kann, über sein Auto, über andere Autos, über Benzin- und Pkw-Preise in Griechenland im Vergleich zu Deutschland, über Griechenland und Deutschland allgemein und über die Welt und die Menschheit im besonderen? Ein Unding, daß man einfach zur Werkstatt kommt, sagt, man brauche neue Stoßdämpfer, fragt, wann der Wagen fertig sei, wiederkommt, bezahlt und nach Hause fährt.

Ich versuche, die Lebensgeschichte meines Autos, auch die Abschnitte unter dem Vorbesitzer, möglichst knapp zusammenzufassen. Der Junge vom Kafeníon nebenan kommt auf seinem Moped mit einem Tablett angefahren und serviert Kaffee und Wasser; der Lehrling hatte es auf Anweisung des Meisters telefonisch bestellt. Der Meister fragt nach, erzählt von seinem Onkel, der auch einen ... hat, vergleicht die Leiden meines ... mit denen anderer Kunden und kommt schließlich zu dem Schluß, wie glücklich ich sein müßte, ein solches Auto zu besitzen, gerade jener Baureihe, der bislang besten, die mit den neueren Modellen lange nicht zu vergleichen sei. Nach gut einer halben Stunde gelingt es mir, das Gespräch wieder Richtung Stoßdämpfer zu lenken: Er habe welche, versichert er mir, zwar nicht die eigentlich vorgesehenen, aber ähnliche; das mache nichts, er kenne sich schon aus, seine Stoßdämpfer seien sogar besser, natürlich würden sie passen, ich könne mich ganz auf ihn verlassen.

Im Prinzip zählt nur der Augenblick, weder »gestern« noch »morgen« interessieren, »vorgestern« und »übermorgen« entziehen sich schlichtweg dem griechischen Bewußtsein. Die Stoßdämpfer funktionieren, wie lange, das tut nichts zur Sache – wer denkt schon an später?

Weil wir schon beim Auto sind: Niemals habe ich mich in Griechenland lächerlicher gemacht als einmal kurz vor einer Reise mit meinem Wagen nach Deutschland. Dort mußte ich zum TÜV, und ganz deutsch, wie es mir wohl doch im Blut liegt, wollte ich das Auto in Griechenland vorher durchchecken lassen. Aus dem Gedächtnis:

MEISTER: Was gibt's, mein Freund?

ICH: Ich wollte nur mal meinen Wagen durchsehen lassen.

MEISTER: Was hat er denn?

ICH: Nichts Bestimmtes. Vielleicht können Sie mal nachsehen, ob alles in Ordnung ist. Habe eine lange Fahrt vor mir.

MEISTER (etwas irritiert): Ja, springt er nicht an oder was?

ICH: Doch, doch, prima, nur...

MEISTER: Was ist mit den Bremsen?

Ich: Die sind o. k., aber...

Meister (beinahe verärgert): Ja, was willst du dann von mir? Sei doch froh, daß die Kiste läuft!

Ich habe resigniert, schließlich gibt es in Griechenland eine dem deutschen TÜV nur sehr entfernt verwandte Organisation (gleich sind lediglich die runden Plaketten). Ich habe mir auch eine Grundsatzdiskussion über alle Arten der Vorsorge gespart. Ich bin nach Deutschland gefahren und habe dort in einer Werkstatt für das geforderte TÜV-Niveau meines Autos und die damit verbundenen, im Prinzip mir vielfach schwerverständlichen Arbeiten mehr bezahlt, als ein griechischer Volksschullehrer im Monat verdient.

No problem!
oder: Nobody wants to be perfect

Auf die Gefahr hin, von meinen Landsleuten gesteinigt zu werden, behaupte ich: was dem nordischen Menschen die Disziplin, ist dem Griechen die List – die List auch im Umgang mit sich selbst.

Auf die Gefahr hin, von meinen deutschen Lesern gesteinigt zu werden, behaupte ich: nur ein Volk, das zum Nichtstun unfähig ist, kann die Arbeit auf den Thron der höchsten Lebenswerte erheben.

Johannes Gaitanides

Du mußt dich doch auskennen in Griechenland, du lebst ja dort, gib mir ein paar Tips. Ich habe drei Wochen Zeit, was sollte man denn gesehen haben, Mistra, Mykene? Rhodos soll auch schön sein, sagen Freunde, aber mit dem Wohnwagen wollen sie nie wieder hinfahren, die engen Straßen, die Berge. Was soll ich mitnehmen, wo kann ich baden . . . «

Sie können sich vorstellen, wie oft solche und ähnliche Fragen zu hören bekommt, wer in einem »klassischen Urlaubsland« lebt. Was soll man antworten? Was, meinst du, ist Deutschland für den Touristen, lautet die Gegenfrage, die ich dann doch nie stelle. Zugspitze oder Bahnhof Zoo, Helgoland oder Lüneburger Heide, Frankfurt oder Fürstenfeldbruck?

Griechenland ist zweifellos ein »klassisches Touristenland«. Schon seine nördlichen Grenzen verlaufen auf einem südlicheren Breitengrad als dem, auf dem sich Barcelona sonnt, die peloponnesische »Hand« liegt etwa auf der Höhe Siziliens, die Spitze ihres »Mittelfingers« ist, nach Gibraltar, der südlichste Punkt des europäischen Festlandes, und die Insel Kreta stellt bereits das afrikanische Tunis in den Schatten. Von Kreta zum ägyptischen Alexandria sind es kaum mehr als dreihundert Kilometer.

So, wie Griechenland geographisch in Europa liegt, allerdings an der Grenze zum Orient, liegt es klimatisch innerhalb der gemäßigten, mediterranen Zone, allerdings an der Grenze zur tropischen. Zudem hat es touristisch fast für jeden Geschmack etwas zu bieten. Im *Länderbericht Griechenland* von 1992 des Statistischen Bundesamtes in Wiesbaden heißt es im Kapitel Reiseverkehr:

»Griechenland besitzt aufgrund seiner bevorzugten klimatischen Lage und der zahlreichen historischen Sehenswürdigkeiten günstige Entwicklungspotentiale für den Tourismus. In Verbindung mit der grundlegenden Verbesserung der Verkehrs- und Hotelinfrastruktur entwickelte sich in den beiden letzten Jahrzehnten der Tourismussektor zu einem der expandierendsten Wirtschaftszweige Griechenlands. Die zahlreichen historischen Stätten der griechischen Antike, die günstigen mediterranen Klimabedingungen (durchschnittlich 300 Sonnentage pro Jahr) sowie die umfassenden Möglichkeiten zum Badeurlaub auf den zahlreichen Inseln stellen die touristischen Hauptattraktionen dar.«

Welcher Urlauber wollte sich da beklagen? Allenfalls über die Qual der Wahl.

Griechenland ist mit einer Fläche von 131957 Quadratkilometern etwa halb so groß wie die alten Länder der Bundesrepublik. Achtzig Prozent des Landes sind gebirgig, die Küsten insgesamt über 15000 Kilometer lang. Sie können auf dem Festland reisen, sich ins pulsierende Athen stürzen oder nach und nach die etwa 3000 griechischen Inseln »abhaken«. Griechenland bietet eine Fülle historischer Sehenswürdigkeiten, die die Entwicklung einer, nein: *Ihrer* Kultur über einen Zeitraum von fünf Jahrtausenden zumindest bruchstückhaft dokumentieren. Kein Weg ist in Griechenland übrigens besser beschildert als der zu einer *Archeological Site*, die so zahlreich sind, daß die Griechen – vor allem aus finanziellen Gründen – auch fremde Wissenschaftler graben lassen (die Deutschen in Athen am Kerameikósfriedhof, in Olympia und auf Rhodos).

Sie können in Griechenland wandern, segeln, surfen, bergsteigen, radeln (hier lohnt sich ein Mountainbike wirklich), Wasserski fahren, ja selbst skifahren (obwohl, ehrlich gesagt, das Ambiente mehr beeindruckt als die Infrastruktur der Pisten) und fotografieren wie kaum anderswo. Das aufgrund der geringen Luftfeuchtigkeit gnadenlose Licht leuchtet jede Falte Griechenlands aus, zeigt die kleinräumige Landschaft, die nach jeder Kurve wechselt, in starken Kontrasten und unmißverständlichen Tönen. Das Land braucht auch keinen gnädigen Dunstschleier (nun gut, Athen vielleicht). In den nächsten 25 Jahren können Sie also problemlos all Ihre Urlaubsaktivitäten nach Griechenland verlegen, ohne befürchten zu müssen, daß es Ihnen langweilig wird.

Was Sie wie und wo in Griechenland genießen wollen, müssen Sie freilich selbst wissen. Am einfachsten haben es die »reinen« Badeurlauber; sie können sich praktisch blindlings einquartieren, denn es gibt keinen Ort, der weiter als hundert Kilometer vom Meer entfernt liegt, die meisten bedeutend näher. Auf einen Sonnenbrand ist Verlaß.

Den übrigen, die Griechenland erleben wollen, rate ich, sich *verführen* zu lassen. Verführen meint in diesem speziellen Fall etwas vereinfacht: Entwerfen Sie nicht schon zu Hause den genauen Reiseplan; nehmen Sie sich nicht vor, Ihr Programm »durchziehen« zu wollen – Griechenland würde eine herbe Enttäuschung. Lassen Sie es mich andersherum sagen: In Griechenland funktioniert nichts nach Plan, weil es dort weder Pläne gibt, geschweige denn irgend jemanden, der Interesse daran hätte, sich an Pläne zu halten oder gar welche aufzustellen. In Griechenland ticken die Uhren nach einem eigenen Rhythmus, genau betrachtet laufen sie ohne Rhythmus, mal schneller, oft langsamer, der mitteleuropäischen Zeit trotzdem immer eine Stunde voraus, vorausgesetzt, sie funktionieren überhaupt. In Griechenland funktioniert nichts hundertprozentig. Nehmen Sie sich Zeit. Als Urlauber kann ich Ihnen nur empfehlen, sich auf ein solch ungewöhnliches »Experiment« einmal einzulassen. Ein Ausländer, der hier lebt, wird sich den Gegebenheiten entweder anpassen oder untergehen. Ich stelle mir gerade vor, daß der, sagen wir, Chef einer großen deutschen Firma diese Zeilen liest, einer, der womöglich ernsthaft beabsichtigt, den deutschen Leiter der neugegründeten griechischen Geschäftsfiliale zu feuern, weil nichts (aber rein gar nichts) vorangeht. Ich glaube, er würde dem Mann unrecht tun. Sein Job zwischen dem deutschen »Heute, Punkt fünf, möchte ich Ihren Bericht auf dem Schreibtisch liegen haben« und dem griechischen »Laß dir mal Zeit mein Junge, morgen ist auch noch ein Tag« muß ein Alptraum sein. Es stimmt tatsächlich, daß eine irgendwann beantragte Genehmigung monatelang im Behördendschungel nicht mehr auffindbar sein kann. Es ist Normalität, daß Ihr Mann auf einem Amt vier völlig unterschiedliche Antworten erhält, wenn er – zur Sicherheit – vier verschiedene Personen zu ein und demselben Thema konsultiert hat. Und es ist eine unverrückbare Tatsache, daß grundsätzlich alles ganz anders kommt, als es geplant wurde.

Je eher Sie lernen, Geduld zu haben, je aufgeschlossener Sie den Überraschungen eines neuen Tages gegenüberstehen, desto besser werden Sie in Griechenland zurechtkommen. Zu unserem Unglück sind wir Nordeuropäer in der Regel weder einfühlsam noch flexibel.

1884: Da kommt ein Barbar namens Baron Pierre de Coubertin auf die Idee, das Comeback einer Kultform der griechischen Götterverehrung namens Olympische Spiele zu inszenieren. Nun weiß ja jedes Kind, daß die Geburtsstätte der Spiele Olympia ist und sie dort mehr als tausend Jahre abgehalten wurden, daß Olympia in Griechenland, genauer, auf der Peloponnes liegt und daß ferner nur Griechen an diesen heiligen Spielen teilnehmen durften, nicht einmal Griechinnen.*

Dieser Coubertin jedenfalls hatte einen wahrlich barbarischen Einfall: Er wollte die neuen Spiele zwar im traditionellen vierjährigen Turnus, nun aber in wechselnden Ländern abhalten. Mit einem Trick gelang es ihm, die Griechen zu einem solchen »Kulturverrat« zu überreden: Sie hatten die Ehre, 1896 die ersten neuen Olympischen Spiele ausrichten zu dürfen. Mit ihrem Heimvorteil in Athen schnitten sie un-

* Eine hatte es einmal als Zuschauerin versucht, wurde entdeckt und wäre zum Tode verurteilt worden, wäre nicht ausgerechnet ihr Sohn unter den Siegern gewesen – man drückte beide Augen zu.

ter den dreizehn teilnehmenden Staaten als beste Nation ab – das erste und bisher einzige Mal.

Natürlich erhoben sich seit den ersten neuen Spielen in Griechenland Stimmen, die forderten, eine Olympiade könne nur am gleichnamigen Ort stattfinden. Anfang der neunziger Jahre unseres Jahrhunderts mehrten sich diese Stimmen und wurden lauter, als sich Athen für die Ausrichtung der Sommerspiele 1996 bewarb und abgelehnt wurde. Ein schwerer Affront, die Griechen um »100 Jahre Olympia« zu bringen.

Das Komitee habe recht gehandelt, sagt einige Tage darauf ein Bekannter. Die Griechen, kann er nicht oft genug betonen, seien schlichtweg unfähig, ein internationales Ereignis dieser Größenordnung auf die Beine zu stellen. Ich solle nur einmal an die Streiks der staatlichen Elektrizitätswerke vom Jahr zuvor zurückdenken. Dergleichen im Jahr 1996 gipfelte in einer Katastrophe.

Nun, 1992 streikte tatsächlich die staatliche DEI aus Unmut über die drohende Privatisierung ihrer Betriebe den ganzen Sommer lang. Vier Stunden Strom, vier Stunden keinen, eine Stunde Strom, fünf Stunden keinen. Zur gleichen Zeit weigerten sich die Leute von der staatlichen Telefongesellschaft OTE, den Hörer abzunehmen, die staatlichen Wasserwerke drehten den Hahn zu und auf und zu und auf, die Bahn, ebenfalls staatlich, blieb stehen, die staatlichen Busse blockierten die Straßen, die (zur Abwechslung privaten) Taxifahrer solidarisierten sich und und und.

Das alles deswegen, weil die neu gewählte konservative Regierung, die *Nea Demokratía*, den Standpunkt vertrat, wenn der öffentliche Dienst ein Viertel aller Erwerbstätigen beschäftige, sei das um 20 Prozent zuviel. *Ti na kánume* – was soll man machen.

Der Grieche kann sich mit solchen Widrigkeiten arrangieren. Man hat gewissermaßen Verständnis, wer würde seinen Arbeitsplatz so ohne weiteres wegrationalisieren lassen. *Dhén ine próblema* sagen viele oder *no problem*, wenn sie die internationale Floskel gebrauchen. Doch kein Grieche würde sich dazu versteigen, einen Zusammenhang zwischen solch »natürlichem« Verhalten und den Olympischen Spielen herzustellen. Denn erstens hatte man Ministerpräsident Mitsotákis und die Nea Demokratía bereits nach zwei Jahren wieder abserviert, und zweitens funktioniert in Griechenland letztendlich eine ganze Menge – irgendwie –, obwohl eigentlich nichts funktioniert. Nur keine Aufregung!

Fällt der Strom aus, stellt man Kerzen auf den Tisch, gekocht wird üblicherweise mit Gas; wenn die Busse nicht fahren, geht man zu Fuß oder bleibt zu Hause. Nichts kann so wichtig sein, daß die Welt untergeht, wenn man es verpaßt; das Kafeníon ist sowieso gleich um die Ecke. Und aus dem Telefon tönt, auch ohne daß die OTE streikt, meistens das Besetztzeichen, weil die Leitungen chronisch überlastet sind.

Nichts unterscheidet Griechenland revolutionärer von den meisten anderen europäischen Staaten, als daß man sich eben nicht jener absurden Idee verschrieben hat, Zeit sei Geld. Muße und Genügsamkeit statt Eile und Perfektion.

Wer einmal eine halbe Stunde auf einem griechischen Stuhl gesessen hat, wird wissen, was ich meine: die Lehne steil und hart, eine Sitzfläche aus geflochtenem Bast und vier Beine, denen ein verzwirbelter Draht die nötige Standhaftigkeit verleihen soll. Es dürfte zumindest kein zweites europäisches Land geben, das man allein wegen seiner unbequemen Stühle nie wieder vergessen wird. Wer auch immer dieses Möbel erfunden haben mag, es hat sich in Griechenland buchstäblich durchgesetzt, und daß es, nach gar nicht so neuen Erkenntnissen, ergonomisch sinnvoller geformte Sitzgelegenheiten geben könnte, interessiert den Griechen ebensowenig wie den Fakir die Federkernmatratze.

Droht Ihr Auto auf Ihrer Griechenlandreise den Auspuff zu verlieren, wird er repariert. *No problem.* Ein paar Stellen geschweißt, ein bißchen Draht, schon können Sie weiterfahren. Und ist eine Reparatur beim besten Willen nicht mehr möglich, dann bekommen Sie einen anderen (nicht etwa neuen) Auspuff, nicht das Originalteil, aber mit einem bißchen Hämmern hier und ein wenig Biegen dort wird alles wieder in Ordnung sein. Die Griechen verstehen sich aufs Improvisieren. Jeder im Land kann erst einmal alles und wenn nicht, dann kennt er jemanden, der ihm weiterhelfen kann. Die Wasserrohre im Haus verlegt nicht der Installateur, sondern der Freund eines Bekannten vom Onkel. Die Elektrik traut man sich selbst zu, und den offenen Kamin mauert der Nachbar – den eigenen hat er auch ganz gut hingekriegt. Mag sein, daß die neue Feuerstelle ein wenig ungleichmäßig ausgefallen ist, daß es bei windigem Wetter ins Zimmer raucht – wen wundert's, der Nachbar ist eben kein Fachmann, hat nur den halben Preis verlangt und obendrein konnte man die Mehrwertsteuer umgehen. Wer wird sich über Details ereifern?

Was der Grieche dank seinem großzügigen Begriff von Genauigkeit einspart, investiert er an Findigkeit, sich mit Kniffen auf Schleichwegen Vorteile zu verschaffen. Ihnen mag es vielleicht peinlich sein, daß man über Ihre sensationelle Karriere spricht und im gleichen Atemzug erwähnt, daß Ihr Onkel der Leiter des Unternehmens ist. In Griechenland dürfen Sie da ganz offen sein. Man wird Ihre Pfiffigkeit bewundern, daß es Ihnen gelingt, Ihren vierwöchigen Griechenlandurlaub als Geschäftsreise zu deklarieren, daß Ihr dickes Auto der Firmenwagen ist, Sie Ihre Tochter demnächst zu Ihrer Stellvertreterin befördern und Ihre Maßanzüge künftig kostenlos angefertigt werden, weil nun ja der Sohn Ihres Schneiders den frei gewordenen Posten Ihrer Tochter übernehmen kann. Die beiden großen B – Beziehung und Bestechung – machen das Leben einfacher. Mit moralischer Verwerflichkeit hat das nun wirklich nichts zu tun, denn jeder ist erst einmal auf seinen eigenen Vorteil bedacht, das ist menschlich und damit natürlich. Mehr noch: Dem Griechen gilt Dummheit neben Geiz als eine der verachtungswürdigsten Eigenschaften, und dumm wäre doch jeder, der nicht alle Möglichkeiten, die sich ihm bieten, ausschöpfte.

Da besitzt Jorgo ein schönes Grundstück am Rande des Dorfes, auf dem er seiner Familie ein Häuschen bauen will. Hinderlich nur, daß es bewaldet ist und die Regierung die Auffassung vertritt, die letzten Wälder seien zu kostbar, um gerodet und dem Bauland geopfert zu werden. Immerhin sind ja noch 19 Prozent des Landes bewaldet, und bei den Hunderten von Bränden, die die Bestände Jahr um Jahr dezimieren, meist durch Unachtsamkeit oder Selbstentzündung verursacht, kommt es auf einen mehr oder weniger nicht an. Diese Idee verbreitete sich wie ein Lauffeuer, so daß sich die Regierung genötigt sah, mittlerweile auch das Bauen auf ehemals bewaldeten Flächen zu verbieten, ganz gleich welchen Machenschaften die Bäume zum Opfer gefallen waren.

Dem sorgenden Familienvater bleibt nichts anderes übrig, als auf das schlechte Gedächtnis der zuständigen Behörde zu hoffen und darauf, daß die Beamten aus Freude über einen kleinen Zusatzverdienst die grüne Vergangenheit besagten Stückchen Landes ganz plötzlich vergessen.

Auf ein schlechtes Erinnerungsvermögen setzte auch der greise Ministerpräsident Andréas Papandréou, als er die junge Stewardeß Mimi zu seiner zweiten Frau nahm. Doch die Spekulationen über die bewegte Vergangenheit der hübschen Blondine rissen nicht ab. Der einzige Pilot, so erzählt man sich,

den Mimi nicht erhört habe, sei der Autopilot gewesen. Daß Mimi kurz nach Papandréous Amtsantritt zur Bürochefin des Ministerpräsidenten aufstieg, daß für ihren Sohn eine Stelle als stellvertretender Kulturminister und für Papandréous' Sohn aus erster Ehe die eines stellvertretenden Außenministers frei wurde, blieb – weil nur natürlich – vergleichsweise unbeachtet.

Griechenland ist das wahre Land der unbegrenzten Möglichkeiten, selbst wenn es bei Ihnen zunächst den gegenteiligen Anschein erweckt. Auf all Ihre Fragen wird jedermann eine Antwort wissen, jeder freilich eine andere; für all Ihre Probleme wird man eine Lösung finden, vielleicht nicht heute oder morgen, aber übermorgen bestimmt. Was Sie selbst beisteuern müssen, ist Zeit, auch dann, wenn Sie nur eine Woche Urlaub haben.

Zeit brauchen Sie alleine dafür, in Griechenland herumzukommen. Sind Sie mit dem eigenen Auto oder einem Mietwagen unterwegs, werden Sie sehr schnell merken, daß die Rechnung hundert Kilometer gleich eine Stunde in diesem Land nicht aufgeht. Abseits der wenigen größeren Verbindungsstraßen in Küstennähe müssen Sie sich schon anstrengen, fünfzig Kilometer pro Stunde zu bewältigen. »Als Gott die Welt schuf«, erzählt Johannes Gaitanides eine alte Geschichte, »schüttete er die gute Krume durch ein Sieb, sie mal hier, mal dort ausstreuend, die ausgelesenen Steinbrocken aber warf er über seine Schulter nach hinten; aus ihnen entstand Griechenland.« Die Straßen wirken darauf wie wirr ausgelegte dünne Schnüre, die abwechselnd in Felsspalten gerutscht oder an Bergvorsprüngen hängengeblieben sind. Mit zunehmender Europäisierung (die womit sonst als durch europäische Gelder erzielt wird) muß sich nun nicht mehr die Straße der Landschaft, sondern die Landschaft der Straße anpassen. Erstes Beispiel ist der neue Highway zwischen Korinth und Tripolis, der wie ein breites Band durch die seitlich bedrohlich aufragenden Berge gefräst wurde. Was sich Europastraße nennen will, darf eben nicht mehr an den Wurzenpaß erinnern. Wie bei den meisten gebührenpflichtigen Autobahnen (die ca. 80 Kilometer kosten vier Mark) bietet sich Ihnen vor der Auffahrt die Alternative der alten Straße, in diesem Fall sehr selbstbewußt »Old Highway« genannt.

Kaum langsamer als mit dem Auto kommen Sie übrigens mit den Überlandbussen voran. Die Fahrer ersetzen das zeitraubende Abbremsen vor den vielen unübersichtlichen Kurven einfach durch Hupen. Das Streckennetz ist relativ gut ausgebaut, und die Busse jagen zwei- bis dreimal am Tag auch durch abgelegene Dörfer. Busbahnhöfe gibt es in allen größeren Städten (Pátras–Thessaloniki ca. 50 DM), in den Dörfern stoppt der Bus meist an der Platía vor dem Kafeníon. Ansonsten wird seine rasante Fahrt nicht durch überflüssige Haltestellen unterbrochen. Wer von der Straße aus zusteigen will, muß kräftig winken; am Ziel angekommen, sagt man dem Fahrer kurz Bescheid, daß man den Bus verlassen will.

Die Eisenbahn ist zwar das preiswerteste Verkehrsmittel, sehr flexibel sind Sie auf dem nur 2479 Kilometer langen Streckennetz allerdings nicht. Für Romantiker kann die Fahrt durchaus lohnend sein, denn die Gleise führen oft durch noch unberührtes Land.

Inselbesuchern sei das sogenannte Inselhüpfen empfohlen. Viele Inseln sind zweifach mit dem Festland beziehungsweise der Nachbarinsel verbunden: durch die dicken, langsamen, gemächlichen Fähren und durch die pfeilschnellen, erheblich teureren Tragflächenboote, die *Flying Dolphins*. Den eigenen Wagen mithüpfen zu lassen, lohnt sich in den seltensten Fällen. Auf einigen Inseln, zum Beispiel auf dem nahe Athen gelegenen Hydra, gibt es überhaupt keine Autos (mir ist nur ein Müllaster aufgefallen), da sie praktisch über kein Straßennetz verfügen. Auf den meisten anderen ist der Konkurrenzdruck der vielen Auto- und auch Mopedvermieter (im Gegensatz zum Festland) so groß, daß Sie einen Kleinstwagen schon ab etwa fünfzig Mark pro Tag erhalten.

Noch ein abschließender Tip zu den Flying Dolphins: Die Boote halten sich – ganz ungriechisch – eisern an ihre Fahrpläne. Wie ärgerlich das sein kann, werden Sie spätestens dann merken, wenn Sie das erste um zehn Sekunden verpaßt haben.

Insgesamt gesehen ist es nicht schwer, in Griechenland herumzureisen. Sollten Sie einmal nicht weiterkommen, dann fragen Sie einfach im Kafeníon. Sie wissen ja: *no problem*, eine Lösung gibt es immer, wenn nicht heute...

Menschenfresser, Weihrauch und Pulverdampf
oder: Griechenland in Bewegung

Und im richtigen Alter ein Weib ins
Haus dir geleiten: /
Laß an dem dreißigsten Jahr nicht all-
zu viele dir fehlen, /
Noch gib viele dazu; dann paßt das
Alter zur Hochzeit. (...) /
Nimm eine Jungfrau zum Weib, sie
richtigen Wandel zu lehren, (...) /
Denn es erlost sich ein Mann /
Nichts Besseres als eine Gattin, /
Die etwas taugt, /
Doch nichts so Grausliches als eine
schlechte, /
Gierig auf Fraß; und die ihren Mann,
so kräftig er sein mag, /
Absengt ohn eine Fackel /
Und vor der Zeit ihn zum Greis
macht. /

Hesiod, »Werke und Tage«

Als der Athener während des Gesprächs erfuhr, wie tief im Süden Griechenlands ich wohne, entfuhr ihm: »O Gott, da leben ja noch Menschenfresser!« Soll dahingestellt bleiben, (nicht ob, sondern) wie ernst er diesen Satz gemeint hat.

Nach EU-Zuschüssen ist der Tourismus nicht nur eine der wichtigsten Einnahmequellen Griechenlands (er deckt etwa ein Drittel des griechischen Handelsbilanzdefizits), er ist zur Zeit auch eine der wenigen Barrieren, die Griechenland vor der Entwicklung zehn Millionen Griechen gleich zehn Millionen Athener bewahrt. Die Provinz, das weiß jeder Grieche, läßt sich sonst nur land- oder viehwirtschaftlich nutzen, und ein rentabler Betrieb, das weiß jeder Agrarexperte, braucht dafür mindestens 50 Hektar Land. Soviel hat in Griechenland nicht einmal einer von hundert Bauern, ganz abgesehen davon, daß Landwirt seit langem kein Traumjob mehr ist.

Wer heute in der Provinz aufwächst, ist irgendwo zwischen Mittelalter und Moderne hin und her gerissen. Da sind laut Verfassung seit 1975 Mann und Frau gleichgestellt, aber einer jungen Mutter, die ein Mädchen zur Welt gebracht hat, gibt man nach wie vor ein *dhen pirási*, ein Na ja, macht doch nichts, nächstes Mal wird's bestimmt ein Junge, mit auf den Weg. Zwar ist die Ehefrau seit 1982 nicht mehr gesetzlich dazu verpflichtet, den Haushalt zu führen und die Kinder zu versorgen, aber weder ihr Mann, ihre Verwandten noch das ganze Dorf lassen sich jahrhundertealte Gewohnheiten so schnell ausreden, vom Staat zuallerletzt. Wenngleich sie spüren, daß ein Großteil der patriarchalischen Moralkodizes zu Lasten der Frau geht.

Sie war bis vor kurzem grundsätzlich die Schuldige

bei einer Scheidung (heute erhält sie zusammen mit ihren Kindern zumindest eine kleine finanzielle Unterstützung und ihre Mitgift zurück), *sie* verlor dadurch den Schutz der Krankenversicherung, *sie* hat nach wie vor unberührt in die Ehe zu gehen (wie will man das bei *ihm* nachweisen?), und *sie* darf sich – mitunter auch heute noch – nicht ihren zukünftigen Lebenspartner wählen. Zumindest hat ihr Papa ein wichtiges Wörtchen mitzureden, ist er es doch, der die Mitgift zu bezahlen hat. Seit einem guten Jahrzehnt ist er von Gesetzes wegen von dieser Pflicht befreit, aber die Gesellschaft hält weiter an der alten Sitte fest. Daß es sich bei der Mitgift um mehr als eine rein symbolische Geste handelt, kann man nur zu gut an der Miene des Mannes erkennen, dessen Frau ihm gerade das dritte Töchterchen geboren hat.

Vielleicht können Sie sich vorstellen, wie solche starren Traditionen auf ein, sagen wir, siebzehnjähriges Mädchen wirken, das ein Gymnasium besucht, die griechische *Bravo* liest, regelmäßig amerikanische Fernsehserien sieht, ausführlichen Briefkontakt mit ihrer Kusine in Athen pflegt und gleichzeitig ihren zwölfjährigen Bruder als Aufpasser mitnehmen muß, wenn sie einmal die Disko im Nachbarort besuchen darf. Schlagen Sie es sich aus dem Kopf, mit einem weiblichen Wesen unter siebzig Jahren (und verwitwet) bei einer Tasse Kaffee über solche Themen zu diskutieren, wenn Sie nicht bereit sind, den Bruder, Onkel, Vater oder Neffen mit ins Gespräch einzubeziehen. Ein unbeaufsichtigtes Rendezvous mit einer griechischen Frau ist in der Provinz eines Landes, in dem ein Küßchen zwischen Eheleuten in der Öffentlichkeit beinahe als moralisch verwerflich einzustufen ist, praktisch unmöglich.

Wer angesichts solcher Tatsachen die Gelegenheit hat, in einer Großstadt beispielsweise zu studieren, kehrt meist nicht zurück. Immer mehr junge Griechen streben ein Studium an, was nicht zuletzt damit zusammenhängt, daß akademische Bildung in hohem Ansehen steht. Dreißig von hundert Schülern eines Jahrgangs treten mittlerweile zum Abitur an und katapultieren Griechenland damit in einem der seltenen Fälle auf Platz eins der europäischen Top Fifteen. Das ist um so bemerkenswerter, als Bildung Geld kostet. Die Schuldbildung (vor allem auf dem Land dominieren noch sogenannte Zwergschulen, in denen ein Lehrer gleichzeitig sechs Jahrgangsstufen unterrichtet) reicht nicht aus, um an einer der wenigen Universitäten oder Hochschulen Griechenlands zu studieren. Die Aufnahmeprüfungen besteht in der Regel nur, wer nachmittags zusätzlich in privaten Nachhilfeinstituten *(frontistíria)* paukt, die im letzten Jahrzehnt wie Pilze aus dem Boden geschossen sind.

Das für eine patriarchalische Gesellschaft oft so typische Ausbildungsgefälle zwischen Mann und Frau beginnt sich in Griechenland übrigens umzukehren. Galten 1971 noch gut 20 Prozent der Frauen als Analphabeten (Männer: ca. 7 Prozent), stellen Frauen heute sowohl in den Abiturjahrgängen als auch beim Studium eine (knappe) Mehrheit mit noch dazu besseren Noten. Die Folgen dieser Veränderung werden die griechischen Männer womöglich in gar nicht so ferner Zukunft zu spüren bekommen.

Dennoch gibt es alljährlich eine Zeit, da der unwiderstehliche Magnet Athen seine Anziehungskraft verliert. Als habe jemand den Befehl ausgegeben, diesen ständig wachsenden Moloch zu evakuieren, als habe man die Menschen umgepolt, als habe auf einmal der lockende Slogan vom Traum der großen, weiten Welt seine Wirkung eingebüßt, drängen die Menschen aus der Stadt in alle Richtungen des Landes. Nur weg aus Athen, per Flugzeug, Schiff, Bus oder Bahn und natürlich mit dem Auto.

Zu Ostern, dem höchsten Feiertag der griechisch-orthodoxen Kirche, ist alles wieder so, wie es »in den guten alten Zeiten« war, beinahe jedenfalls. Zu Ostern sind wieder alle daheim beisammen: die, die »es« geschafft haben, und jene, die das ganze Jahr über in der Provinz wohnen.

Gründonnerstag, 20 Uhr. Die kleine Dorfkirche ist überfüllt, überwiegend ältere Menschen und Kinder drängen sich in den Bankreihen, links die Frauen, rechts die (wenigen) Männer; etwa 250 sind es insgesamt. Hinter dem Altar, in der mittleren der drei Apsiden, steht der Pope in goldenem Brokat. Das grelle Licht zweier kurzer Neonröhren, die beidseitig auf Kopfhöhe angebracht sind, wandelt ihn schier vom Priester zum Magier.

Magisch wirkt auch der Gottesdienst: Der viele

Weihrauch nimmt einem fast den Atem, die stundenlangen monotonen Gesänge wecken Phantasien vom Mittelalter. Die knisternden und krachenden Lautsprecher tun dieser Stimmung keinen Abbruch. Dazu die unentwegten Bekreuzigungen einiger Älterer, die, wie in Trance, einer kreisenden Gebetsmühle gleich, das Tempo ihrer Gesten den heiligen Schwerpunkten im Ablauf des Gottesdienstes anpassen. In manchen Gesichtern spiegelt sich echte Trauer über die Leidensgeschichte Christi.

Nicht minder beeindruckt den Fremden das völlige Gegenteil dieser »magischen« Stimmung. Niemals senkt sich andächtige Stille über die vorwiegend stehende Gemeinde; es herrscht ein ständiges Kommen und Gehen. Ab und an schauen einige der Männer herein, die den Großteil des Gottesdienstes lieber vom benachbarten Kafeníon aus verfolgen, ständig wird gewispert und geflüstert, auch über mehrere Reihen hinweg – schließlich ist ein Teil der Verwandtschaft erst an diesem Abend im Heimatdorf angekommen, und man hat sich jede Menge zu erzählen.

Dann, es ist mittlerweile nach 22 Uhr, gehen die Lichter aus. Im diffusen Kerzenlicht, das kaum die dichten Schwaden des geheiligten Rauchs zu durchdringen vermag, wird das Kreuz hereingetragen, an das anschließend die Christusfigur geschraubt wird – Symbol der Kreuzigung.

Planen Sie Ihre Reise am besten so, daß Sie weder kurz vor noch unmittelbar nach dem griechischen Osterfest unterwegs sind. Solange Griechenland in Bewegung ist, ist für Ausländer kein Platz. Während des Festes selbst sind Sie willkommen wie vielleicht zu keinem anderen griechischen Fest. Da mag die kleine Dorfkirche noch so überfüllt sein, für Sie wird sich ein Plätzchen finden, möglichst in der ersten Reihe – ob Sie wollen oder nicht (die Gottesdienste dauern mehrere Stunden). Der Ostersonntag schließlich wird im Kreis der Familie gefeiert. Wenn Sie dann zum Lamm am Spieß eingeladen werden, sollten Sie das vergleichsweise so bewerten, als würden Sie am 24. Dezember Fremden ein Plätzchen unter dem Weihnachtsbaum reservieren.

Die griechischen Ostern ähneln in vielerlei Hinsicht der deutschen Weihnacht: hohes Fest für Gläubige, geeigneter Anlaß für andere, sich zumindest einmal im Jahr in der Kirche blicken zu lassen, Familientreffpunkt, Jahr für Jahr von den Kindern ersehnt und von der Geschenkartikelindustrie vermarktet – für all jene, die es sich leisten können. Das sind in der Mehrzahl die Angereisten. Neben den modisch, chic und elegant gestylten Großstädtern wirken die Landbewohner in ihrem Sonntagsstaat wie Eingeborene; schlichte, traditionell wachsfarbene Osterkerzen in den Kinderhänden wirken antiquiert neben rosaroten oder hellblauen, der Form von Herzen oder Tennisschlägern nachgebildeten; schrottreife Pick-ups stehen neben tiefergelegten Japanern mit Hochgeschwindigkeitsbreitreifen in den holprigen, engen Gassen.

Tagsüber spürt man wenig von dem mystischen Charakter der langen Abende und Nächte. Tagsüber würden Sie die griechische Provinz schlichtweg nicht wiedererkennen, träfen Sie unvorbereitet auf diese Szenerie. Überall herrscht betriebsame Geschäftigkeit, die wackligen Stühle der Kafenía und Tavernen reichen für die Menschenflut nicht mehr aus; die Jugend läuft offensichtlich ziellos durch die Gegend und wirft mit Krachern(!) und Böllern(!) nach Ihnen.

Karfreitag. Christus stirbt. Das Kruzifix mit der angeschraubten Christusfigur wird in den vorbereiteten, über und über mit Blumen geschmückten Sarg, das *Epítafos*, das heilige Grab, gelegt. Weihrauch, Gesänge. Die gesamte Gemeinde ist nun auf den Beinen, in langen Schlangen schieben sich die Menschen durch die Kirche, jeder will den »gestorbenen Christus« küssen. Gegen 22 Uhr beginnt die *Epítafos*-Prozession. Der Sarg wird durch das Dorf getragen; dem Zug voran schreitet der *Papás*, der Pope. Bei den Häusern hochgestellter Persönlichkeiten verweilt er einen Augenblick, segnend, seine Hochachtung erweisend und läßt sich im Gegenzug seinen Ring küssen. Viele Dorfbewohner beobachten die von Fackeln und Kerzen beleuchtete Prozession auch von den Balkonen ihrer Häuser aus. Die melancholischen Trauergesänge hallen bis weit nach Mitternacht durch den Ort.

In die Trauergesänge mischen sich die explodierenden Knaller und Böller, die eher an einen Luftangriff als an unser Silvester erinnern. Die Auferstehung Christi wird lautstark gefeiert, als wolle man ein wenig nachhelfen. Zwar hat die Regierung 1991 das Zünden selbstgebastelter Böller wegen der häufigen Verletzungen untersagt, doch zeigte das Verbot bislang wenig Wirkung. Die Landbevölkerung wächst mit der Schießerei auf. Praktisch jeder besitzt ein Gewehr, Patronen gibt es in jedem »Tante-Eleni-Laden«. In einem Nachbarort machten sich einige Jugendliche den Spaß, leere Propangasflaschen anzubohren, mit etwas Dynamit zu füllen und in die Luft zu jagen. Solcher Lärm kann tatsächlich Tote aufwecken.

40 Tage vor der Auferstehung des Herrn sollen sich die orthodoxen Christen mit Fasten auf den großen Augenblick vorbereiten. Doch 40 Tage ohne Fleisch, ohne Käse, Olivenöl allenfalls am Wochenende (man behilft sich mit Sonnenblumenöl), vierzig Tage weder Tanz noch Süßigkeiten, nicht einmal Liebe, das ist für die Masse zuwenig des Guten. Fragt man die Jüngeren, wie sie es halten, verschanzen sie

sich hinter ihrer Arbeit; sie könnten sich höchstens in der Karwoche etwas einschränken, sagen sie. Fasten sei etwas für die Alten.

Die Nacht zum Ostersonntag. Jeder Quadratzentimeter der Kirche ist ausgefüllt, vor den Eingängen und Fenstern haben sich Menschentrauben gebildet. Auf dem Vorplatz zünden Jugendliche ihre Bomben, werfen sie in die Kirche oder unter die Autos der angereisten Verwandtschaft, um zu testen, ob die eventuell eingebaute Alarmanlage auch ihr Geld wert ist. Die Luft ist stickig vom Pulverdampf, jeder hat mindestens eine Kerze in der Hand. An den selbstgebastelten Dynamitstangen, die in ohrbetäubender Lautstärke zwischen den Füßen der Gläubigen explodieren, scheinen sich die wenigsten zu stören, ein Wunder, daß nicht mehr passiert.

Was dann folgt, läuft immer nach dem gleichen Schema ab. Die Vorsänger sind selten Punkt Mitternacht mit der Liturgie zu Ende, sehen auf die Uhr (23.45 Uhr, noch Samstag also), schielen zum Popen, der ebenfalls einen Blick auf die Uhr wirft, dann mit den Achseln zuckt und dem Kirchendiener das verabredete Zeichen gibt, worauf dieser nach und nach die elektrischen Sicherungen herausdreht. Nach einigen Sekunden Dunkelheit – jetzt herrscht wirklich Stille – klickt ein Feuerzeug und der Pope entzündet die Osterkerze: *Chrístos anésti!* schallt es vom Altar, Christus ist auferstanden! Die Kirchenglocken beginnen zu läuten, die Kerzen werden nach und nach entzündet. Man umarmt sich gegenseitig, küßt sich, wiederholt *Chrístos anésti* und antwortet gleich selbst *Alíthos anésti* – Wahrhaftig, er ist auferstanden.

Eine halbe Stunde später ist die Kirche wieder leer, alle strömen so schnell es geht nach Hause, darauf bedacht, daß das Licht der Auferstehungskerze nicht verlöscht. Dort wartet die *Majirítsa*, die traditionelle Ostersuppe. Hauptbestandteil sind die Innereien des Osterlamms, sein verschlungener Darm, der an die labyrinthischen Irrwege erinnern soll, von denen Christus die Menschheit auf den rechten Weg geführt hat.

Die Nacht ist kurz. Trotz der langen Kirchensitzungen an den Tagen zuvor, schlafen die wenigsten lange in den Ostersonntag hinein, dafür sorgen schon die Kinder. Es gibt zu viele Verlockungen, als daß man in Ruhe ausschlafen könnte: Das süße Osterbrot mit den eingebackenen roten Eiern, rot wie das Blut Christi, und natürlich das Lamm, das an diesem Tag im Kreis der Familie gegrillt wird. Überall steigen aus den Innenhöfen die Rauchsäulen der Feuer auf, allerorten duftet es nach dem gebratenen Fleisch, das sich am Spieß dreht. Am Ostersonntag ein Lamm (oder auch Zicklein) zu grillen ist obligatorisch.

Am Montag schon müssen viele der »Auswärtigen« wieder zurück in ihre neue Heimat, nicht nur nach Athen oder Thessaloniki, auch nach Deutschland, Amerika oder Australien. Doch für einige Tage war die Familie wieder zusammen, so wie früher.

Deutsch zahlen
oder: Echt griechisch essen

HESIOD: Was wäre denn, meinst du, das Köstlichste unter der Sonne?

HOMER: ...Und es schmausen die Gäste im Saal und lauschem dem Sänger, Bank an Bank, in Reihen, und rundum über den Tischen türmen sich Brot und Fleisch, und der Mundschenk schöpft aus dem Mischkrug funkelnden Wein und trägt ihn herbei und füllet die Becher: Das ist köstlich, ist weit und breit das Schönste auf Erden!

Die beiden Eliteautoren der Antike in einem Sängerwettstreit auf der Insel Euboia, den Hesiod gewonnen haben soll.

Vielleicht (hoffentlich) blättern Sie schon ein paar Tage vor Beginn Ihrer Griechenlandreise in diesem Buch. Dann könnten Sie noch retten, was Ihnen sonst entgangen wäre. Wahrscheinlich haben Sie noch genügend Zeit, ein paar Freunde anzurufen und eine *paréa* zusammenzustellen. *Paréa*, das ist nichts zum Essen – obwohl es viel damit zu tun hat –, sondern ganz einfach eine Gruppe von Freunden und Bekannten. Ziehen Sie gemeinsam los als Großfamilie, als Horde, mit Greis und Baby, Schwiegermutter und Onkel, Neffen, Großcousinen und noch ein paar Kumpels dazu. Denn nur als *paréa* können Sie in Griechenland »echt griechisch essen«.

Die Schwiegermutter mitnehmen, nur um in einer Gruppe zum Essen zu gehen...? Ja, genau, das ist es.

Lassen Sie sich nicht von Reisebüchern verwirren, in denen fast grundsätzlich in dem Kapitel »Essen und Trinken« der Satz zu lesen ist, Gourmets sollten ein anderes Ziel als Griechenland wählen. Griechenland ist in der Tat weder ein Feinschmeckerparadies, noch bietet seine Küche viel Abwechslung. Aber es ist ein Paradies, um *gemeinsam* essen zu gehen – auch wenn Ihnen das bei Ihrem letzten Griechenlandbesuch vielleicht gar nicht aufgefallen ist.

Der Grieche ißt spät; seine Hauptmahlzeit ist das Abendessen. Landesweit haben sich jedoch viele Restaurants und Tavernen längst auf einen Schichtbetrieb eingestellt: Zwischen 18 und 19 Uhr kommen die Touristen, frühestens ab 21 Uhr die Einheimischen. Jetzt erst geht es so richtig rund, die »schwierigen« Kunden haben sich bereits zur Nachtruhe begeben, die Kellner können aufatmen, die Musik wird aufgedreht, bis die Lautsprecher krachen, und in der Küche werden noch ein paar Schaufeln Kohle auf den Grill geworfen. Genau das ist Ihr Zeitpunkt!

Die »richtige« Taverne werden Sie leicht ausfindig machen. Sie müssen weder lange suchen, noch brauchen Sie einen »Geheimtip«, denn der Grieche würde eher ein schlechtes Essen in Kauf nehmen, als irgendwo versteckt im Grünen zu vereinsamen. An der *paralía* will er sitzen, an der »Strandpromenade« oder an der Straße, selbst wenn sie vierspurig ist, dort, wo es *kósmos* gibt, dort, wo etwas los ist.

Wählen Sie eine Taverne, in der Sie am *frühen* Abend die wenigsten Touristen gesehen haben, gehen Sie also dorthin, wohin Sie eigentlich niemals gehen würden, hätten Sie dieses Buch nicht in der Hand. All die Restaurants in der Umgebung, mit gedämpftem Licht und gedämpfter Musik, mit bequemen Stühlen und adretter Tischwäsche, gepflegtem Ambiente und ähnlichem lassen Sie links und rechts liegen. Das sind in der Regel Saisonbetriebe, die von Oktober bis Mai geschlossen bleiben und in denen Ihnen im Sommer internationale Küche mit griechischem Touch vorgesetzt wird oder gar das, was Sie bei Ihrem Griechen zu Hause schon zigmal gegessen haben: nicht viel mehr als eingedeutschten griechischen Touch.

In Athen gestaltet sich die Wahl insofern etwas schwieriger, als Griechenlands Kapitale ja eine internationale Großstadt mit internationalem Flair sein will. Mit allen Mitteln und allen Konsequenzen. An einem der vielen Kioske, vor allem am Syntágmaplatz, können Sie für ein paar hundert Drachmen ein kleines grünes Heftchen mit dem Titel *The Week in Athens* erstehen. Die Broschüre bietet den zweifelhaften Vorteil, daß darin neben Museen, Theatern und so weiter *alle* Restaurants, Tavernen und Souvláki-Buden aufgelistet sind. *Spanish, Italian, French Specialities,* selbst *Turkish Kitchen* und natürlich auch *Traditional Greek Taverns.* Sie haben nicht nur die sprichwörtliche Qual der Wahl, sondern auch eine Unzahl von Adressen, aus der für den Ortskundigen kaum ersichtlich ist, wie weit (oder noch weiter) außerhalb des Zentrums die nach Art des Bibelstechens ausgewählte Taverne liegt.

Auch keine sehr große Hilfe wird Ihnen der Portier an der Rezeption Ihres Hotels sein. Ungeachtet dessen, wie ausführlich Sie ihm Ihr stilisiertes Traumrestaurant beschrieben haben, wird er Sie zur Taverne seines Bruders lotsen. Und falls er, was bei der Größe seines Familien- und Bekanntenkreises eher unwahrscheinlich ist, keinen Verwandten oder Freund hat, der im gastronomischen Gewerbe beschäftigt ist, wird er Ihnen als überzeugter Einwohner besagter Stadt mit internationalem Flair (und allen Konsequenzen) gerade wieder das empfehlen, was Sie nicht suchen: gedämpfte Atmosphäre, adrette Tischwäsche, dezente Kellner, und das eben allenfalls mit griechischem Touch.

Allmählich werden Sie sich fragen, ob Sie überhaupt dort essen wollen, wo ich Sie hinschicken will, ob Sie nicht doch lieber die aus Deutschland gewohnte Umgebung wählen und sich mit einem griechischen Hauch zufriedengeben. Nun, wenn Sie nur einen einzigen Abend für Athen eingeplant haben, wird Ihnen kaum etwas anderes übrigbleiben. Denn die Adressen diverser einschlägiger Restaurants (jene »Geheimtips«, die es einem scheinbar so leichtmachen würden), werde ich Ihnen nicht verraten. Man wird schließlich kein Literaturkenner, indem man wöchentlich die Bestsellerliste des *Spiegel* studiert. Ihr Auge müssen Sie schon selbst schärfen.

Auf dem Land ist das, wie gesagt, etwas einfacher. Neben den schon beschriebenen Merkmalen sind vor allem nackte Neonröhren, die mit ihrem kalten, harten Licht das oft so typisch Griechische schaffen, ein gutes Zeichen. Athen (eigentlich: ganz Griechenland) habe schon im Altertum als besonderer Liebling der Sonne gegolten, schreibt Egon Friedell in seiner *Kulturgeschichte Griechenlands*. Müsse der Norddeutsche vier Fünftel des Jahres bei trübem Wetter verbringen, komme der Grieche gerade einmal auf ein Dreizehntel des Jahres. Selbst Ägypten habe keinen reineren Himmel. »Von hier aus wird begreiflich«, so Friedell weiter, »daß der Grieche für halbe, gedeckte, gebrochene Beleuchtungen und die Romantik der Dämmerung gar kein Verständnis hatte...« – eine hübsche Schlußfolgerung. Mit Häßlichkeit hat das alles in griechischen Augen jedenfalls nichts zu tun, eher schon damit, daß Kargheit nicht als störend empfunden wird, daß sich das Gefühl der Behaglichkeit aus anderen Komponenten zusammensetzt. Was aber Ihrem mit Erwartungen gefüllen Faß den Boden ausschlagen dürfte: In Griechenland ist nicht der Gast, sondern erst einmal der Wirt König. Ein kleines Beispiel.

Früher Frühling in einem halb touristischen Dorf auf der Peloponnes. Die zirka zwanzig Saisonbetriebe halten noch Winterschlaf. In dem ganzen Ort hat nur eine Taverne geöffnet, eine echte, eine urige, so eine, wie Sie sie suchen. Der Wirt sitzt mit fünf Freunden an einem Tisch im Inneren des Lokals – schließlich ist es Ende März noch kalt; ein deutsches Pärchen, mit T-Shirts und kurzen Hosen bekleidet, hat sich im Garten niedergelassen – schließlich scheint die Sonne. Als die beiden nach zehn Minuten noch immer nicht bedient werden, geht der junge Mann in die Taverne. Das Gespräch der Männer verstummt, sie glotzen ihn an, er glotzt zurück (für ihn ist nicht ersichtlich, wer der Wirt ist und ob er überhaupt am Tisch sitzt). Da der Deutsche kein Wort Griechisch spricht und noch dazu etwas unbeholfen ist, nickt er irritiert, verläßt den Raum und macht sich mit seiner Frau auf die aussichtslose Suche nach einer anderen Lokalität. Die sechs Männer nehmen ihre Unterhaltung wieder auf, als wäre nichts gewesen, der Wirt ist froh, nicht durch irgendwelche Bestellungen gestört worden zu sein. Daran, daß ihm möglicherweise ein Geschäft durch die Lappen gegangen sein könnte, verschwendet er keinen Gedanken. Für die paar Drachmen wäre es nicht wert gewesen, ein gutes Gespräch unter Freunden zu unterbrechen.

Nein, es ist tatsächlich nicht leicht, echt griechisch essen zu gehen. Auf die Gefahr hin, Sie endgültig zu verwirren: Diese kleine Geschichte ist nicht typisch. Keineswegs typisch wäre aber auch die vom freundlichen Wirt, der Ihnen zusammen mit der Rechnung nach dem Essen noch eine Runde Metaxá und zwei Flaschen Wein auf den Tisch stellt. Und der Mittelweg, die Mär vom »ganz normalen Wirt« – nein, die trifft es ebensowenig. Für solch einfache Lösungen ist Griechenland noch immer zu griechisch geblieben. Trotz der zahlreichen Touristen.

Der Grieche geht dort essen, wo es preiswert ist. Einen kausalen Zusammenhang gibt es dabei nicht. Denn er geht nicht dorthin, *weil* es preiswert ist, sondern er sucht einen gewissen Stil, und der *ist* preiswert. Abgesehen davon könnten es sich sonst die wenigsten leisten, eine ganze *paréa* auszuhalten. Womit wir langsam zum Kern des Themas vorstoßen: dem Bezahlen. Es gibt eine Geschichte von Ephraim Kishon, in der in bekannter Manier des Autors ein feudales Essen in einem Restaurant beschrieben wird. Der Gastgeber, das wird den fleißigen Essern erst nach und nach bewußt, hatte sich schon sehr frühzeitig zurückgezogen. Als immer mehr Gäste seinem Beispiel folgen, macht sich der schrumpfende Kreis der Zurückgebliebenen zunehmend ernstere Gedanken darüber, wer denn nun die Rechnung bezahlen soll. Daß der Ich-Erzähler mit zu den letzten und am meisten Bangenden gehört, dürfte ebenso klar sein wie die Tatsache, daß der Gastgeber längst und wie es sich gehört alles beglichen hat. In Griechenland würde diese Erzählung sicherlich gut ankommen, würde sie nur von hintenherum aufgezogen. Mit jedem, der den Tisch verläßt, müßten die sitzengebliebenen Gäste mehr fürchten, jemand anderes habe sie der Ehre beraubt, die Kosten des Mahls tragen zu *dürfen*! Denn Geizhals ist eines der beleidigendsten Schimpfwörter in Griechenland.

Es hat gute Chancen zum Synonym für den Deutschen zu werden. Kein Wunder also, daß Ihnen der Kellner mit recht gequältem Gesichtsausdruck die Rechnung präsentiert und dabei mißmutig fragt, ob Sie darauf bestehen, *sto germanikó trópo*, auf deutsche Weise, jeder für sich, zahlen zu wollen. Was für ihn bedeuten würde, die Rechnung, die ja für den gesamten Tisch geschrieben wurde, wieder auseinanderdividieren zu müssen. Ersparen Sie dem Kellner diese Zumutung, dividieren Sie selbst, und verzichten Sie darauf, mit fünfzig Drachmen knausern zu wollen, nur weil Sie einen halben Schoppen weniger als Ihre Schwiegermutter hatten.

Sowohl die Bestellung als auch das gesamte Essen laufen einer getrennten Bezahlung völlig zuwider. Erstens hat das Essen in Griechenland sehr viel mehr mit geselligem Beisammensein als mit reiner Sättigung zu tun, und zweitens wenden griechische Kellner bei Fremden einen genialen Trick an: Sie führen die gesamte *paréa* in die Küche, öffnen Töpfe, Pfannen, Tiegel und Backrohre und lassen den verführerischen Duft ein übriges tun. Schon geht es los, ganz von allein, alle rufen durcheinander: *Paidákia* möchte da einer, Lammkoteletts, zwei weitere schließen sich an, und ein vierter folgt ihrem Beispiel (ein Kilo *paidákia* schreibt der Wirt auf seinen Block), zwei andere nehmen jeweils fünf *Suvláki*-Spießchen, bestehend aus Schweinefleisch (zehn also insgesamt), eine Portion *musaká* (Hackfleisch-Auberginen-Auflauf, mit Zimt gewürzt) wird bestellt, die Schwiegermutter möchte gegrilltes Huhn (*kotópulo*), ein anderer entdeckt *tiropitákia*, das sind mit Schafskäse (*féta*) gefüllte Blätterteigtäschchen, *táramosaláta* (mit Fischrogen vermengter Brot- oder Kartoffelbrei) darf nicht fehlen, ja und ohne *tsazíki* (Knoblauchquark) und *choriátiki* (Salat mit Gurken, Tomaten und Schafskäse) kommt zumindest in den ersten Tagen keiner aus; zwei, drei Tellerchen Gemüse fehlen noch (*fasolákia* = grüne Bohnen, *briám* = Mischgemüse, *gigantes* = weiße Bohnen, jeweils meist in Olivenöl und Tomatensauce gegart), *patátes* ruft einer dazwischen (in Griechenland bestehen Pommes frites noch aus Kartoffeln!), und ein bis zwei Kilo (!) *Retsina* vom Faß (*apu varélia*), den man *nicht* literweise bestellt, runden das Ganze dann ab. Was auch immer Sie über Retsina gehört haben mögen: Sie sollten ihn nicht nur einmal probieren. Kommt er aus dem Faß, schmeckt der mit Harz versetzte Wein fast in jedem Lokal anders – gewöhnungsbedürftig in jedem Fall. Aber keine Sorge: Wer sich mit Retsina trotz redlichen Bemühens nicht anfreunden kann, dem bietet Dionysos eine Reihe anderer Tropfen, die besseren tragen das Qualitätszeichen VQPRD (*vins de qualité produits dans des régions déterminées*). Das größte griechische Weingut liegt nahe Pátras in der Provinz Achaia, wurde zu Zeiten König Ottos von einem Bayern namens Gustav

Clauss gegründet und heißt dementsprechend *Achaia Clauss*.

Die Griechen jedenfalls bevorzugen den Retsina, obwohl Wasser (*neró*) als ihr eigentliches Nationalgetränk gilt, gefolgt von Kaffee, Wein (*krassí*) und schließlich holländischem Bier (*bíra*). Sie haben die Qual der Wahl: Amstel oder Heineken.

Ich hoffe, daß Sie nach einer solchen Bestellung nicht ratlos am Tisch sitzen werden, wenn der Wirt schließlich aufzutragen beginnt: einen Korb Brot, die obligatorische Karaffe Wasser und den Wein mitten auf den Tisch, daneben eine Platte mit den zehn *suvlákia*, den Berg *paidákia*, auf der Tafel verteilt drei Tellerchen *patátes*, dazwischen zwei mit dem griechischen Salat und außenherum die Beilagen. Machen

Sie es wie die Griechen, greifen Sie zu, vergessen Sie das, was Sie unter Etikette verstehen, jedem gehört alles (warum sollte nicht derjenige, der *paidákia* bestellt hat auch ein *suvláki* probieren dürfen), und wenn das *tsazíki* aufgegessen ist, werden eben noch zwei Portionen bestellt. Für einen alleine sind eigentlich nur Gerichte wie Fisch (*psári*), die *musaká* oder das Hühnchen Ihrer Schwiegermutter gedacht. Aber auch bei ihr wird sich nur noch sehr schwer nachvollziehen lassen, wie oft sie bei den *patátes* zugelangt hat.

Wenn sich nun in Ihrer *paréa* keiner darum reißen sollte, die Rechnung zu bezahlen, so teilen Sie ganz einfach den Endbetrag durch die Anzahl der Esser, und jeder zahlt sein Quentchen vom gemeinsamen Mahl. Das Trinkgeld läßt man auf dem Tisch liegen. Knappe zehn Prozent sind angemessen.

Bei der Nachspeise wird der türkische Einfluß in der griechischen Küche am deutlichsten. *Frúta* (Früchte) sind nach einem opulenten Mahl noch das leichteste: Je nach Jahreszeit werden Orangen, Äpfel (oft mit Zimt und Honig), Wasser- oder Honigmelonen serviert. Joghurt mit Honig ist ebenfalls sehr beliebt, gilt aber für deutsche Verhältnisse schon als *heavy*. Von *light*-Produkten hält die griechische Küche wenig, was auch erklärt, warum Sie zu Hause das *tsazíki* nie so richtig hinbekommen: Schmecken tut's nur, wenn der Fettanteil im Joghurt mindestens zehn Prozent beträgt.

Sollten Sie Probleme mit Ihren Kindern haben, die Ihrer Meinung nach zu viele Süßigkeiten essen, besuchen Sie mit ihnen am besten einmal eine *Sacharaplastío*. Zuckerladen heißt das übersetzt, was wir unzutreffend Konditorei nennen würden. Lassen Sie Ihr Kind soviel essen, wie es will. Wenn es nach einer solchen Zuckerorgie nicht ein für allemal die Nase voll von Süßem hat, werden Sie ihm dieses Verlangen wohl niemals abgewöhnen können. Die Törtchen, selbst wenn sie sahnig-luftig aussehen, bestehen ausschließlich aus Zucker und schweren Buttercremes oder aus in Nußmus und Honig getränktem Teig.

Wie auch immer: Sie haben echt griechisch gegessen, Sie haben Wein vom Faß getrunken; dafür haben Sie den ganzen Tag gehungert, weil das Frühstück mehr als wenig und der Abstand vom Mittag- zum Nachtessen viel zu groß war. Und damit wären wir beim Kafeníon angelangt, der Einrichtung, die den Griechen das Fürchten vor dem Tode lehrt.

Κόσμος
oder: Sperrsitz statt Loge

Es ist eine Art Gärung, die entsteht, da für den Griechen jedes Ereignis, mag es auch noch so banal sein, etwas Einzigartiges ist.

Henry Miller

Es gibt im Deutschen keine treffende Übersetzung für *kósmos*. Langenscheidt versucht es in seinem Wörterbuch mit »Welt«, »Weltall«, mit »Leuten«, auch »feinen Leuten«, der »breiten Öffentlichkeit«, sogar »Weltuntergang« und so weiter in verschiedenen Wortzusammensetzungen und trifft es insofern, als man auch »Straßenbahn«, »Taverne« oder »Werkstatt« hätte hinzufügen können.

Die *Brockhaus Enzyklopädie* tastet sich über »[griech. ›Ordnung‹, ›Schmuck‹] der,–,«, was eher die altgriechische Bedeutung trifft, weiter zu »1) allg.: (...) Im übertragenen Sinne auch Bez. für jedes Ganze, das eine in sich geschlossene und geordnete Einheit von zusammenhängenden Dingen, Abläufen u. a. bildet. (...)« und trifft es damit schon besser.*

In Griechenland ist *kósmos* ein sehr geläufiges Wort, das in den verschiedensten Situationen angewandt wird und immer das gleiche bedeutet:

1. Junges Mädchen war zum ersten Mal in ihrem Leben in Athen. Wieder zurück im Dorf, erzählt sie ihren Freundinnen begeistert: *po-po-po, polí kósmos* (Jesus, da war vielleicht was los, sage ich euch!)
2. Mann kommt in die leere Taverne, setzt sich und bestellt ein halbes Kilo Wein. Als ihm der Wirt einschenkt, meint er mitfühlend: *éla, re, dhen échi polí kósmos símera* (Mensch Junge, nicht viel los heute, was?)
3. Große Hochzeitsgesellschaft. Opa sitzt mit Oma in der Ecke. Der Enkel hat das schönste und reichste Mädchen aus dem Dorf geheiratet, die unzähligen Gäste tanzen schon auf den Tischen. Er zu ihr: *gamóto, polí kósmos símera* (zum Teufel, heute geht aber die Post ab!). Die Anwendungsmöglichkeiten dieses Begriffs sind schier unendlich.

Der Grieche ist Extremist. Während wir, gäbe es ein Pendant für *kósmos* im deutschsprachigen Raum, damit allenfalls so etwas wie »Rummel« im positiven Sinn bezeichnen würden, setzt er es für »Leben« ein

* Abgeleitet von *kósmos* (agr.: *kosmein*) ist übrigens auch die »Kosmetik«, die Kunst des Schmückens, auch: die nur oberflächlich vorgenommene Ausbesserung, die nicht den Kern der Sache trifft.

und mit »Lebendigkeit« gleich, wobei er mit dem Gegenteil nicht den Tod, sondern die »Friedhofsruhe«, das »Nichts-los-Sein« meint.

Wenn Sie sich diese Tatsache bis in die letzte Konsequenz vor Augen halten, dann wird Ihnen sehr schnell bewußt werden, wie leicht und wie oft Sie den Griechen im Laufe Ihres Urlaubs vor den Kopf stoßen. Da baut Costa ein teures Hotel direkt an die Durchgangsstraße des Ortes, und Sie wählen den Kasten seines Nachbarn, der sich, weil weniger begütert, mit einem Bauplatz in der Parallelstraße begnügen mußte. Wie für Sie diese wenigen Meter das geschätzte bißchen mehr Ruhe ausmachen, so distanziert es den Griechen von dem Elixier *kósmos*. Aus demselben Grund sind im Kafeníon die Stühle nicht um die Tische herum angeordnet, sondern Richtung Straße ausgerichtet; deswegen finden Sie selten Tavernen in idyllischer Abgeschiedenheit, deswegen wehrt man sich gegen die Umgehungsstraße, übt Athen eine solche Faszination aus. Sperrsitz statt Loge, Anteil statt Distanz, steifer Nacken statt Operngucker. Akteur im Schauspiel sind auch Sie.

Freilich sind Sie als Reisender in den Augen der Griechen zunächst einmal ganz pauschal Tourist – im wahrsten Sinne des Wortes. Sie haben die schwache Chance, durch Einfühlsamkeit und Zurückhaltung etwas mehr Besucher und Gast zu werden: außerhalb der Saison zu reisen kann dabei helfen, ein paar Brokken Griechisch können es auf jeden Fall und die unverzichtbare Voraussetzung, sich länger als einen

Nachmittag an ein und demselben Ort aufzuhalten. Trotzdem drohen Sie sehr leicht in der Masse der zehn Millionen Touristen (1995) unterzugehen. »Zu viele Touristen in Griechenland«, können Sie nachher daheim schimpfen, und Ihre Nachbarn, die vor Ihnen in Griechenland waren, werden bestätigend mit den Köpfen nicken. Denn: Touristen sind *immer* die anderen.

Früher war, abgesehen davon, daß natürlich alles besser war, der Reisende ein *ζένος*, was gleichzeitig Fremder *und* Gast bedeutet. Sie können sich gut vorstellen, welche enormen Verpflichtungen das Wort *xénos*, für das es lange Zeit keine Alternative gab, beinhaltete. Nur zu verständlich, daß die Griechen bei den explodierenden Besucherzahlen der vergangenen zwei Jahrzehnte schleunigst eine Alternative finden mußten und jetzt alle Fremden so nennen, wie jedes andere Volk auch: *tourístes.*

Sie können sich auf den Kopf stellen, Sie bleiben einer von zehn Millionen. Sie können auf dem Marktplatz Homer rezitieren, wenn Sie können, ein solches Aufsehen wie Schliemann werden Sie nicht mehr erregen: Ja, als Frau nützt es Ihnen nicht einmal viel, sich »oben ohne« an den Strand zu legen – der griechische Liegestuhlvermieter wird Ihnen kaum neugierigere Blicke zuwerfen als Ihr sich hinter der Zeitungslektüre »verschanzender« Landsmann in der Nachbarkuhle. Staunenden Auges wird Ihnen kein Grieche mehr nachstarren, nicht einmal in den abgelegensten Dörfern. Mögliche bewundernde Blicke gelten allenfalls Ihrem Auto. Man hat sich in Griechenland mittlerweile an barbusige Strandmädchen gewöhnt (obwohl das strenggenommen verboten ist), an Frauen in der Männerwelt des Kafeníons, an neonfarbene Sonnenbrillen, an ganz offensichtlich reiche Männer mit zwei, drei Videokameras um den Hals, aber altem T-Shirt und ausgelatschten Sandalen.

Kleider machen Leute, das sollten Sie zumindest als Geschäftsreisender beachten, mehr noch, daß man seine Position durch Äußerlichkeiten untermauern muß. Unverzichtbare Accessoires: Anzug, Krawatte, glatte Rasur, geschlossene Schuhe, wenn Schmuck, dann goldenen, mehrere Kreditkarten (ungeachtet dessen, daß sie eher selten akzeptiert werden), Funktelefon, Europiepser, elektronisches Notizbuch, Laptop und mobiles Fax im klimatisierten Auto. Der Tourismus jedenfalls hat eine zu lange Tradition in Griechenland, als daß *Sie* noch viel Neues bieten könnten.

Bevor Sie jetzt das Buch zuklappen und beschließen, nach Italien zu reisen, kommt schnell das rettende Aber: Das wichtigste Hobby der meisten Griechen ist die Unterhaltung, das Interesse am Gespräch, am Austausch von Wissen, Erfahrungen, Einstellungen. Ihre Sucht zu Neuem zwingt geradezu zur Kontaktfreude. *Jásu, ti kánis*? Man grüßt nicht nur mit einem kurzen Hallo, ein »Wie geht's« wird grundsätzlich angehängt. *Kalá esí?*, »Gut« oder *étsi-kétsi*, »es geht so, und dir?« lautet die Antwort. Dieser Austausch an Begrüßungsfloskeln ist freilich eine unbewußte Formalie, eine gewisse Intention läßt sie trotzdem erkennen. Wörtlich übersetzt bedeutet *ti kánis*, »was machst du«, während unser distanziertes »Guten Tag« auch »Auf Wiedersehen« heißen kann.

Es sind weniger die Sprachbarrieren als die Mentalitätsunterschiede, die Kontakte zu Einheimischen erschweren. Gegenseitige Mißverständnisse sind es oft, die die sattsam bekannte Freundschaft zwischen Hund und Katz' so selten funktionieren lassen. Der Grieche wedelt, und der Besucher weiß nicht, was er davon halten soll. Überall werden Sie schier ausgefragt: wo Sie herkommen, was Sie machen, wo Ihr Mann / Ihre Frau ist, wie viele Kinder Sie haben. Wenn Sie diese Fragerei nicht als banal, nicht als bloße Höflichkeit oder gar Aufdringlichkeit abtun, sondern interessiert zurückfragen, sind Sie gleich mitten in der Unterhaltung. Allein indem Sie ein Kafeníon betreten, geben Sie gleichsam ein Signal, daß Sie an *kósmos* interessiert sind. Und seien Sie sich ruhig bewußt, als Fremder eine Bereicherung darzustellen. Voraussetzung dafür ist natürlich eine gemeinsame Sprache. Aber an einem Gespräch im Kafeníon beteiligen sich üblicherweise alle Anwesenden. Und einer findet sich meistens, der dolmetschen kann, viele Jüngere können Englisch, erstaunlich viele Ältere (ehemalige Gastarbeiter) Deutsch.

Das Kafeníon ist der zentrale Treffpunkt für die Hälfte aller Griechen. Sollten Sie Kafeníon etwa mit Café oder Damenkränzchen assoziieren (keine Angst, kein neuerlicher Sprachexkurs), befinden Sie sich auf dem Holzweg. Das Kafeníon ist karg, kahl, klein, ungemütlich und in seiner ursprünglichen Form wie eh und je eine Domäne der Männer, was gar nicht einmal primär mit der patriarchalischen Gesellschaftsordnung zu tun hat, wie Sie vielleicht annehmen. Frauen haben gar kein Interesse, ins Kafeníon zu gehen, genausowenig wie deutsche Frauen Lust dazu verspüren, am wöchentlichen Stammtisch ihres Gatten stammzusimpeln. Das hört sich nun alles nicht sonderlich ansprechend an, ist es aber. Denn nirgendwo treffen Sie auf so viel geballtes Griechentum, höchstens noch in der *Ilias* oder der *Odyssee*. Lassen Sie diese Atmosphäre auf sich wirken, auch als Frau brauchen Sie keine Berührungsängste zu haben (die haben, sollten Sie als Single im Kafeníon auftauchen, eher die anwesenden Männer). Gönnen Sie sich vielleicht ein Glas *Oúzo* (Uso), einen klaren Anisschnaps, der pur oder mit Wasser verdünnt, wobei er sich milchig färbt, getrunken wird. Und bitten Sie den Wirt um ein *mesé*, einen Teller mit kleinen Häppchen. Woraus die bestehen, kann man nie vorhersagen: Schafskäse, Oliven und Brot gibt es fast immer, zusätzlich das, was sich an Leckereien in der Küche befindet; genug jedenfalls, um die lange Wartezeit zum späten Abendessen angenehm zu überbrücken.

Das Kafeníon spielt auf dem Dorf in schlichtweg allen Situationen eine Rolle, oft alleine deswegen, weil es keine Alternative gibt. Auf dem Land ist es Jugendzentrum, Kino (wegen des Fernsehers), Stammkneipe, Wärmestube, Kasino und Altersheim in einem. Klar, daß hier über »das Thema«, die Politik, diskutiert wird, daß sich die Gespräche ums Wetter, die Ernte, über anstehende Hochzeiten oder Beerdigungen drehen. Der Pope sitzt ja als »Fachmann« dafür gleich am Nebentisch. Im Kafeníon gibt man die neuesten Witze zum besten, sehnt den großen Lottogewinn herbei, schimpft über die Regierung, die Preise, die Steuern. Natürlich werden hier auch die Tricks ausgeheckt, mit denen man solche Widrigkeiten umgehen kann, Schleichwege, die das Leben ein wenig einfacher und erträglicher machen. Daß hier jeder alles besser weiß, versteht sich von selbst.

Dieser Vielfalt kann ein Kafeníon pro Dorf nicht Genüge tun, das liegt auf der Hand. Manche sind parteipolitisch gefärbt, hauptsächlich blau oder grün. Die Blauen sind nach unserer Farbenlehre die Schwarzen und die Grünen die Roten. Wirklich Grüne gibt es keine, und jene, die sich die Farben des Regenbogens auf ihre Fahnen gemalt haben, sind (1993 gegründet) bis dato allenfalls marginal und lassen sich noch viel schwieriger in ein Links-Rechts-Schema einordnen als die beiden großen Parteien.

Ohne sein Kafeníon ist der Grieche schlicht nicht lebensfähig. Das mag Ihnen vielleicht zu weit gehen, aber Johannes Gaitanides, ein etablierter Kenner der Szene, schreibt in seinem Buch *Griechenland ohne Säulen*, die schlimmste Vorstellung vom Jenseits sei für den Griechen, daß es im Himmel womöglich kein Kafeníon gebe. Seit 1988 wird er wissen, ob diese Befürchtung berechtigt ist.

Die Griechinnen, die andere Hälfte also, begnügen sich mit einem noch kargeren Treffpunkt, den *pesúles*. Nicht nur die Kafenía, auch diese Steinstufen und -bänke vor den Kirchen und zahlreichen Häusern unterstreichen, daß viele über Griechenland kursierende Klischees gar keine sind. Ich sehe Sie schon die Hand auf Ihre Fototasche legen, wenn Sie jetzt lesen, daß dort gehäkelt, gestrickt und geflochten wird, daß die zahnlosen Witwen genauso gekleidet sind, wie es sich für griechische Witwen gehört: ganz in Schwarz. Aber programmieren Sie Ihren Apparat auf die Schnappschußeinstellung, denn Frauen haben in Griechenland alle Hände voll zu tun und sitzen deswegen seltener untätig herum (Hüte zu flechten ist keine Arbeit). Traditionell helfen viele ihrer Familie im Betrieb oder in der Landwirtschaft und versorgen Haushalt, Garten und Kinder, während der Mann schon im Kafeníon sitzt.

Sie sollten es nicht mit fehlender Arbeitsmoral abtun, daß viele Männer nach Möglichkeit versuchen, auch ihren Arbeitstag, oder zumindest weite Teile davon, im Kafeníon zu verbringen. Denn über eine strittige Baugenehmigung beispielsweise, das werden Sie nicht bestreiten wollen, können Bürgermeister und Architekt dort doch viel angenehmer diskutieren als im Büro oder Rathaus; und für einen Schreiner wäre es geradezu unsinnig, in der lärmenden Werkstatt auf Kundschaft zu warten, wenn er sich im nahen Kafeníon zwischenzeitlich mit seinen Freunden unterhalten kann. Eingedenk dieser Faktoren werden

Sie sich viel Wartezeit ersparen. Im Kafeníon gibt's etwas zu trinken, eine Kleinigkeit zu essen, der Fernseher – noch nicht in jedem Haushalt etabliert – sorgt zusammen mit den übrigen Gästen, Bekannten wie Fremden, für Gesprächsthemen, für Stoff zur Unterhaltung, für Bewegung, für Abwechslung, für *kósmos*, kurz, für alles, was der Grieche zum – immateriellen – Leben so braucht.

Für die materiellen Bedürfnisse sorgt eine Einrichtung, deren Winzigkeit im absoluten Gegensatz zu ihrer Bedeutung steht: der Kiosk. *Períptero* heißt dieses Häuschen. »Tempelchen« wörtlich übersetzt, das in der Provinz wie in der Stadt an schier jeder Ecke steht und in dem es all die Dinge zu kaufen gibt, ohne die man auf Dauer nur sehr schwer überleben kann: Schnürsenkel, gekühlte Dosengetränke, Hosengummis, Kugelschreiber, Batterien, Zeitungen und Illustrierte (ausländische nur in Städten oder in der Nähe stark frequentierter Touristenpfade), Rasierschaum, Süßigkeiten, vereinzelt auch mal Kondome, Zigaretten natürlich, in einer Quantität, die einfach unbeschreiblich ist.

Vergessen Sie die künstliche, aus welchen Gründen auch immer eigens für Sie kreierte Einrichtung der Touristenpolizei, die weniger Polizei als Auskunfts- und Informationsdienst ist. Jeder touristisch einigermaßen interessante Ort Griechenlands soll mit einer Filiale dieser blaubetuchten Touristensheriffs aufwarten (beschildert: *tourist police*). Das *Kafeníon* und den *Períptero* gibt es überall, auch in vordergründig touristisch uninteressanten Regionen. Wenn Sie nur 15 oder 20 Worte Griechisch beherrschen, finden Sie hier Menschen, die alles (und besser) wissen, und wo nicht, kennen sie allemal jemanden, der Ihnen weiterhelfen kann. Am *Períptero* können Sie übrigens auch jederzeit telefonieren, dagegen sind die meisten Münzfernsprecher defekt und Filialen der griechischen Telefongesellschaft OTE nicht überall anzutreffen.

Das Nonplusultra von *kósmos* findet sich freilich in Athen. *Pesúles* gibt es dort praktisch keine; dafür genügend Lokalitäten, die Frauen auch ohne ihren Gatten besuchen können und weniger gesellschaftliche Schranken, auf denen »Es schickt sich nicht« steht. Athen besitzt zwar nach wie vor unzählige Kafenía, die aber zwischen den vielen Cafés und Bars weniger auffallen. In den großen alten sitzen nur die Bejahrten und lassen die Kugeln des *Kombolóis* durch die Finger gleiten. Beides schickt sich nicht für die Jugend. Sie ist folglich weder im Kafeníon anzutreffen, noch spielt sie mit dem *Kombolói*, diesem ständig durch die Finger gleitenden rosenkranzähnlichen Kettchen, dessen ursprünglich religiöse Bedeutung längst in Vergessenheit geraten ist. Die Diskothek und der klimpernde Autoschlüssel gelten als zeitgemäß. Was zur Zeit *in* ist, weiß derzeit wohl keine Generation so recht – dafür gibt es zuviel *in* Athen.

Für den Fremden trifft es sich gut, gerade dort, wo Griechenland am griechischsten ist, am leichtesten

AIR FRANCE
TIME
NEWSWEEK
EXPRESS
OBSERVATEUR
Punch
SPIEGEL
STERN
ABC
LA PRESSE
COURANT
CARTOONS
MARIUS
MOTO
RAKAM
ELLE
AUTO
ESQUIRE
BURDA
House and Garden
ZEITUNG
DAGBLADET
PARISMATCH
WOMAN
MARIE-CLAIRE
MAISON
BEST
OBSERVER
SPORT
MESSAGERO
NEWS OF THE WORLD
WELT
TIMES
STAMPA
FIGARO
NEW YORK TIMES
ZEIT
ICI PARIS
MIRROR
L'EQUIPE
MONDE
FRANCE SOIR

Kontakte schließen zu können. Vielleicht lädt man Sie zu einem *kafedáki* ein, einem Täßchen »Kaffee«, vielleicht auch zu sich nach Hause. Es gehört sich, eine Kleinigkeit mitzubringen, obwohl es nicht einfach ist, ein Gastgeschenk auszuwählen. Das geeignetste Mitbringsel wäre etwas »Typisches« aus der Heimat, aber wer hat im Urlaub schon Originelleres als einen Schlüsselanhänger bei der Hand, der piepst, wenn man klatscht. Als Urlauber haben Sie es nicht leicht, wobei Sie bedenken sollten, daß sich Ihr Gastgeber einerseits über jede Geste freuen wird, er Sie andererseits auch sehr großzügig und überreichlich bewirten wird. Die in Deutschland üblichen Verlegenheitslösungen sind auch in Griechenland willkommen: Wein oder Spirituosen (keinen Oúzo!) für ihn, Blumen oder Süßigkeiten (am besten Kleingebäck aus der *Sacheroplastío*) für sie. Für alles, was darüber hinausgehen sollte, kann ich Ihnen eine Faustregel mit auf den Weg geben: Was in deutschen Augen kitschig aussieht, ist es in griechischen noch lange nicht.

Man wird Ihnen zuerst ein Glas Wasser vorsetzen, das Sie aufgrund der Hitze auch dankbar in sich hineinschütten werden. Daß das ein grober Fehler war, werden Sie gleich im Anschluß bemerken, da Ihnen, egal, ob ein Abendessen geplant ist oder nicht, sogenannte *glikós* serviert werden, also ähnliche Süßigkeiten, wie Sie sie womöglich als Gastgeschenk überreicht haben. Wenn Sie zuvor einmal eine *Sacheroplastío* ausprobiert haben, werden Sie wissen, was Sie erwartet. Am besten kommen Sie dabei noch weg, wenn es Kleingebäck ist, das Sie kosten dürfen. In der Regel werden es aber gezuckerte Gelatinewürfel sein (in verschärfter Form zusammen mit Rosenblütenlikör), nach deren Genuß Sie den Begriff Süßigkeit neu überdenken werden müssen. Und sollten Sie nichts mehr zum Nachspülen haben, werden Sie auch die Bedeutung von *Wasser* mit neuen Augen sehen müssen, jenes »Glas Wasser«, das für Henry Miller auf seiner Griechenlandreise »zu einer Besessenheit« wurde.

Wilde Wassertrinker
oder: Das Spiel mit der Cola-Dose

> Herakles aber (...) riß den Grund des Viehhofes auf der einen Seite auf, leitete die nicht weit davon fließenden Ströme Alpheios und Peneios durch einen Kanal hinzu und ließ sie den Mist wegspülen und durch eine andere Öffnung wieder ausströmen.
> *Herakles bei der Reinigung der Augiasställe nach Gustav Schwab*

Wenn ich dieses Kapitel nun damit beginne, daß dieses allgegenwärtige Glas Wasser, ohne das man in Griechenland gar nicht überleben kann, in der Regel aus der Leitung stammt, wenn Sie zudem das Kapitel »Vom Klo und so« schon vorweg gelesen haben und Ihnen gleichzeitig einfällt, jegliche Darmtranquilizer daheim vergessen zu haben, dann werden Sie womöglich verärgert überlegen, warum ich dieses wichtige Thema nicht gleich im Vorwort erwähnt habe. Ein anderer Anfang also:

Wer trotz seines wohlverdienten Urlaubs in aller

Herrgottsfrühe von der Matratze springt, kann das seltsame Schauspiel auch als Tourist miterleben. Erstes Anzeichen ist ein tiefes, dröhnendes Brummen, plötzlich taucht der gelbe Motorflieger hinter einem Hügel auf. Ein Doppeldecker, noch dazu im Tiefflug, der seine Kapriolen erstaunlich knapp über der zerklüfteten, bergigen Erde vollführt. Oft genug kann man sogar den Piloten in seinem offenen Cockpit erkennen, seine Ledermütze und die Schutzbrille, die Konturen seines nostalgischen Fliegers und dann auf einmal die mächtige weiße Fahne, die er hinter sich herzieht. Kein Motorschaden. Giftgas. Langsam senkt sich der penetrant riechende Sprühregen herab, nicht gegen Sie gerichtet, sondern gegen den *Dacus oleae*. Hinter dieser wissenschaftlichen Bezeichnung verbirgt sich ein Insekt, das äußerlich der gemeinen Stubenfliege ähnelt. Den Tod hat der *Dacus* schließlich verdient, weil er die Olive anbohrt und seine Eier hineinlegt. Die später ausgeschlüpften Larven saugen am kostbaren Öl und vergreifen sich damit nicht nur am Nationalprodukt der Griechen, sondern gefährden zugleich die Existenzgrundlage vieler Farmer.

Das Konzept der Regierung bietet den Bauern nur Vorteile. Jedes Jahr fragt das griechische Landwirtschaftsministerium schriftlich bei den Gemeinden an, ob den Landwirten auch im kommenden Jahr die Schädlingsbekämpfung abgenommen werden soll oder nicht. Die Frage ist rein rhetorisch, denn die Kosten belaufen sich für den einzelnen auf lächerliche zwei Prozent seines Umsatzes, und bei der Abstim-

mung entscheidet die Mehrheit. Ein selektiver Flugeinsatz ließe sich technisch weder realisieren, noch würde er den Aufwand rechtfertigen. Beim Einsatz von Flugzeugen kann es keinen Individualismus geben. Aber warum auch sollte ein Olivenbauer das Angebot ablehnen? Nehmen wir an, ein Farmer ließe sich auf ein solches Experiment ein: Er könnte sich eine Handspritze kaufen, falls es die Bodenverhältnisse wider Erwarten zulassen, sogar einen kleinen Traktor, das Schädlingsaufkommen auf seinen Feldern mit Hilfe eigener Zählfallen selbst beobachten, die nötigen, in diesem Falle nicht mehr staatlich subventionierten Pestizide kaufen und seine Bäume auf eigene Faust spritzen.

Den Damen und Herren vom europäischen Landwirtschafts- und Umweltministerium in Brüssel brummen die griechischen Pestizidflieger schon seit längerem störend um die Köpfe. Ende 1991 haben sie endlich durchgesetzt, daß die griechische Regierung neben dem Landwirtschaftsministerium zusätzlich eines für *biologische* Landwirtschaft einrichtet. Noch im Vorjahr hatte eine Expertenkommission der FAO, der Ernährungs- und Landwirtschaftsorganisation der UNO, die Größe der in Griechenland ökologisch bewirtschafteten Fläche mit Null angegeben. Portugal brachte es im selben Jahr immerhin auf 320 Hektar und der griechische Erzfeind, das Möchtegern-EU-Mitglied Türkei, sogar auf tausend. Eine der ersten Amtshandlungen der neuen Ministerin war es, mit ihrem (aus einer Sekretärin bestehenden) Mitarbeiterstab den praktisch einzigen Betrieb in Griechenland zu besuchen, der sich ernsthaft dem biologischen (Oliven-)Anbau widmet, um sich vor Ort ganz allgemein über ökologischen Landbau zu informieren.

Das obligatorische Glas Wasser ist dennoch sauber. Die technologische Unterentwicklung – die sogenannten Industrialisierungsphasen des 18. und 19. Jahrhunderts sind an Griechenland spurlos vorübergegangen – mag vielleicht Wirtschaftsexperten zur Verzweiflung bringen, läßt aber die (wenigen) Umweltexperten etwas ruhiger schlafen. Nur in Athen. serviert man Ihnen das Wasser aus gutem Grund in der Plastikflasche, die anschließend auf einem Müllberg landet, der tagtäglich um etwa 4000 Tonnen wächst. In anderen touristischen Hochburgen, heißen sie Olympia oder Epidauros, stellen erfahrene Kellner ihre magenverängstigten Kunden zwar ebenfalls oft mit der Plastikflasche ruhig, füllen diese allerdings vorher in der Küche mit (sauberem) Leitungswasser auf. Vorausgesetzt, es gibt überhaupt welches.

Ganz klar, im nachhinein ist jeder klüger. Zweifellos wäre den Griechen von heute mit einer Hauptstadt namens *Poseidónia* besser gedient. Wie im ersten Kapitel angesprochen, rissen sich einst zwei Götter um die Patenschaft für die Stadt. Athene stach Poseidon mit ihrem Olivenbaum aus. Die fadenscheinige Behauptung, die verschmähte Quelle Poseidons wäre salzig gewesen, entlarvt sich selbst. Es kann mir keiner weismachen, ein Gott könne derart naiv sein, die vom *Meer* umgebenen Athener mit *Salzwasser* beeindrucken zu wollen.

Wie dem auch sei, in Griechenland bleibt während des Sommers das Badezimmer oft trocken. Die kräftigen Winterregen versickern in der karstigen Erde, 18 Prozent dessen, was in den Reservoirs aufgefangen wird, durch lecke Leitungen. Was danach übrigbleibt, reicht im Sommer selten aus, obwohl die Griechen mit einem durchschnittlichen Wasserverbrauch von 118 Litern pro Kopf und Tag um mehr als 50 Prozent unter dem EU-Durchschnitt liegen. Schon zwei Flüsse wurden aus dem Westen Griechenlands Richtung Landeshauptstadt umgeleitet; einen haben die Athener bereits ausgetrunken. Jetzt ist der Acheloos an der Reihe, der wasserreichste Fluß des Landes, der nicht nur den Durst der Athener Waschmaschinen stillen, sondern auch Ackerland in der Provinz Thessalien bewässern soll. Umweltorganisationen jeglicher Coleur, internationale heftiger noch als nationale, laufen Sturm gegen das geplante Projekt, droht es doch ein Feuchtgebiet zu zerstören, das zu den größten noch intakten

Europas zählt. Wo aber Sommer für Sommer nur gelegentlich einige Liter Wasser aus der Leitung fließen, wo die Versorgung hin und wieder mit (Wasser-) Tanklastzügen aufrechterhalten werden muß, interessieren Minderheiten wie der Krauskopfpelikan oder der Dünnschnabelbrachvogel allenfalls am Rande.

Da bislang nicht feststeht, ob die erhofften EU-Gelder so reichlich nach Griechenland fließen werden wie der Archeloos künftig aus der Wasserleitung, versucht die Regierung seit 1991 das Problem durch rigorose Sparmaßnahmen in den Griff zu bekommen. Getreu dem Motto »Wer viel verbraucht, soll auch viel bezahlen« ist der Wasserpreis seitdem gestaffelt und kann für Wasserratten auf das Dreißigfache des Grundtarifs hochschnellen. Prompt war der Verbrauch in Athen 1992 um 30 Prozent gesunken.

Die meisten Griechen haben ein sehr unkompliziertes Verhältnis zu ihrer Umwelt. Mit einem freundlichen Lächeln wird Ihnen der Kellner die Flasche Bier am Tisch öffnen (um Ihnen die Frische zu demonstrieren) und den Kronkorken bei der Kehrtwendung Richtung Küche gekonnt über die Schulter auf die Straße schnippen. Diese kleine Geste läßt sich auf das gesamte griechische »Müllentsorgungskonzept« übertragen, das sich in die beiden Komponenten Lagerung und Verbrennung untergliedert. Verbrennung in einer der wenigen dafür konzipierten Anlagen oder, viel häufiger, im Garten hinter dem Haus – Griechen zündeln für ihr Leben gerne. Üblicherweise wird der

Abfall jedoch gelagert, das heißt, Lastwagen der kommunalen Müllabfuhr (die Gebühren zahlt man zusammen mit der Stromrechnung) transportieren den Müll vom Sammelplatz im Dorf einige Kilometer weiter, um ihn in die nächste Schlucht zu kippen. Da es im Land an Schluchten nicht mangelt – nur in Athen wird es langsam eng –, sieht man die Müllentsorgung nicht als Problem. Sperenzchen wie sortenreiner Abfall, Sondermülldeponien oder gar Abfallvermeidung* sind kein Thema. Im Gegenteil: Verpackungsmüll, den man in vielen europäischen Ländern mit wachsendem Engagement zu vermeiden sucht, feiert in Griechenland erst Premiere!

Der moderne Grieche kauft nicht mehr beim Krämer um die Ecke ein, wo Reis, Bohnen oder Mais scheffelweise aus Zentnersäcken abgefüllt werden, wo die *lukániko*, die (einzige) griechische Wurst, statt in Plastikfolie in Fässern mit Olivenöl lagert, wo es zwar noch Eier von glücklichen Hennen, aber nicht

* 1994 erstmals in Griechenland erlebt: In einer Filiale der Alpha-Vita-Supermarktkette werden an der Kasse Papiertüten verkauft, für umgerechnet etwa drei Pfennige das Stück. Zwei habe ich erstanden (Plastiktüten sind kostenlos), um meine Waren darin verpacken zu lassen (jawohl: lassen! An den Kassen der meisten Supermärkte arbeiten jeweils zwei Mädchen: eines tippt, das andere verpackt). Was passierte, läßt sich auch im nachhinein schwer kommentieren: Das Mädchen verpackte die Waren in den kostenlosen Plastiktüten, die sie anschließend in die Papiertüten schichtete.

die schützende Kunststoffpalette gibt, wo man das Huhn am Tag zuvor bestellt (falls man keine Hühnerschar sein eigen nennt), weil es erst noch geschlachtet werden muß, wo es nur Saisongemüse gibt – Sie wissen, worauf ich hinaus will. Das Leben wird langsam auch in Griechenland zivilisierter. Endlich gibt es alles, was man zum Leben so braucht, hygienisch sauber, ansprechend und klinisch steril dreifach verpackt. Endlich gibt es Dosen und Kunststoffflaschen, Plastiktüten und Kunstrasen, Glückwunschkarten, die Happy Birthday dudeln, wenn man sie öffnet, ferngesteuerte Matchboxautos, Düngestäbchen, Waschmittelkonzentrate (Seife zu kochen ist wirklich aufwendig), endlich gibt es diese praktischen Lineale mit dem eingebauten Taschenrechner, wasserdichte Kofferradios,

Kaffeefiltertüten (strahlend weiße, meine ich, nicht diese naturtrüben, mit denen Sie zu Hause vorliebnehmen müssen), vom Zauberstab oder Wäschetrockner, ohne die keine Hausfrau mehr überleben kann, ganz zu schweigen. Es gibt nicht nur alles, sondern auch einen enormen Nachholbedarf.

Ökologische Schwarzmaler haben in diesem Land, in dem man nicht an morgen denken will, keine Chance. Abfall, warum sollte man darüber groß diskutieren, gehört zum Fortschritt wie Runzeln zum Älterwerden. Schauen Sie sich doch um, wird man Ihnen sagen, die Welt ist schön, Griechenland ist herrlich, und übermorgen um dieselbe Zeit kann man schon 24 Stunden unter der Erde liegen.

Wer aus dem blitzblanken Deutschland kommt,

wo der leere Joghurtbecher in der Spülmaschine landet, wo es selten so heiß wird, daß der Müll zu stinken beginnt, und wo Straßenkehrer und -maschinen emsig ihre Runden drehen, dem wird vieles in Griechenland sauer aufstoßen: Plastiktüten, die nach Stürmen in den Bäumen hängen, im Straßengraben der Kühlschrank oder das Auto, das nach dem großen Knall dort seine letzte Ruhestätte gefunden hat, der Strand, dem man ansieht, daß er im Sommer zum Campingplatz umfunktioniert wurde, das Duschwasser des Nachbarn, das sich seinen Weg zum Dorfplatz sucht. Beobachtet man auf einer anderen Ebene, finden sich weder manisch gepflegte Vorgärten noch englischer Rasen oder gepflasterte Garagenzufahrten. Mag es auch grotesk klingen: Es scheint eine Eigentümlichkeit griechischer Mentalität, sich gegen ein Übermaß an Korrektheit zu wehren, betrifft sie nun den Vorgarten oder die »ordentliche« Müllentsorgung. Hinzu kommt, daß die Hemmschwelle, wann etwas als wirklich störend empfunden wird, sehr hoch liegt. Ein paar Müllsäcke hinter dem Haus, eine Plastiktüte im Baumwipfel oder eine schwelende Müllkippe außerhalb des Dorfes überschreiten diese Grenze noch lange nicht. Mancher Grieche hätte für das, was Sie vielfach in Ihrer Heimat praktizieren, nur ein verständnisloses Kopfschütteln übrig. Sparen Sie sich die Frage, wo und wie Sie die leeren Batterien Ihres Fotoapparates entsorgen können. Sie würden als typischer Deutscher abgestempelt werden, der wegen einer lächerlichen Batterie auf einem ausgefeilten Entsorgungskonzept besteht. Nehmen Sie sie am besten mit nach Hause, aber bewahren Sie darüber Stillschweigen; alles andere wäre kindisch – wie beispielsweise das Sammeln von Weißblechdosen.

Anfang der neunziger Jahre wurden in einigen Landesteilen Container aufgestellt, in denen man Cola-, Limo-, Sodadosen und so weiter entsorgen konnte. Die Resonanz war so gering, daß ein Großteil der Sammelbehälter wieder eingezogen wurde. Nun versucht man es mit umgebauten, sogenannten einarmigen Banditen, in die man – mittlerweile sind es nur noch wenige gelangweilte Kinder – statt der Münze eine Dose einwirft und statt harter Dollars Bonbons gewinnen kann.

Einigermaßen eingebürgert hat sich lediglich die Pfandflasche, obwohl deren Rücknahme in einer großen griechischen Supermarktkette vom Aufwand her der Beantragung der griechischen Staatsbürgerschaft schon sehr nahekommt. Auf einem dreifach durchgeschlagenen Formular müssen Sie nicht nur die Marke des Getränks und die Anzahl der Flaschen eintragen, sondern obendrein Ihren Namen, Vornamen, Ihre Adresse und die Telefonnummer angeben. Und beim Bezahlen machen Sie sich schließlich unbeliebt, weil den Sollbetrag nicht Ihre Kassiererin, sondern nur das Mädchen von der Nachbarkasse eintippen darf.

Die Firma, die die Ministerin für biologische Landwirtschaft am Beginn dieses Kapitels besuchte, gehört Österreichern. Mit einem Konzept aus westlichem Know-how und viel Optimismus beraten die Österreicher griechische Bauern im biologischen Olivenbau. Sie haben sich zudem verpflichtet, das aus diesen Früchten gewonnene Öl aufzukaufen und zu vermarkten. In Deutschland, Österreich und einigen anderen europäischen Staaten können Sie dieses Öl kaufen; in Griechenland besteht derzeit nach diesen und ähnlich erzeugten Produkten keine Nachfrage.

Übrigens: Die durchschnittliche Lebenserwartung liegt in Griechenland noch immer einige Monate höher als in Deutschland, obwohl die medizinische Versorgung besonders in ländlichen Regionen nach deutschem Standard unstreitig als katastrophal bezeichnet werden kann. Auch alle Ärzte wollen nach Athen. In der Hauptstadt versorgen 513 Mediziner 100000 Menschen, in der Provinz verarzten mitunter weniger als einhundert dieselbe Zahl. Und das, obwohl jeder junge Arzt seine ersten zwei Jahre als Staatsangestellter auf dem Land praktizieren muß.

Kurz vor dem Sitzen
oder: Vom Klo und so

Entdecken Sie, wie interessant und wertvoll es sein kann, eine andere Art des Lebens kennenzulernen.
Touristentugend Nr. 5.
Aus: Sympathie Magazin Europa: »Griechenland verstehen«

Ganz nüchtern betrachtet, ist eine Sitzung ein ziemlich alltägliches Geschäft, das sich in aller Regel innerhalb weniger Minuten und, im wahrsten Sinne des Wortes, geruhsam ersitzen läßt; im vertrauten Heim, im Büro, ja sogar im Flugzeug (wenngleich dort ein wenig beengt), akzeptabel selbst noch im Zug – nun: zugig eben.

Anders in Griechenland: Dort, wo die Befreiungshallen schöngeistiger Wortschöpfer zu dem verkommen sind, was man, neutral ausgedrückt, allenfalls als »Ort« bezeichnen kann, avanciert das einsame Geschäft zum akrobatenreifen Balanceakt.

Denn entgegen allen Schauermärchen: In die Knie geht man kaum mehr, Hocken ist *out* – was die Ange-

legenheit nicht vereinfacht. Sie müssen zwar nicht mehr auf ein Loch im Boden zielen, dafür aber entscheidende Partien einen halben Meter darüber, knapp über der Schüssel, in der Schwebe halten, der Schwerkraft zum Trotz. Und das geht erst recht in die Knie. Selbst ein Kurzsichtiger sieht ohne Brille, woran es fehlt. »Stehhocken« könnte man diese kraftzehrende Stellung kurz vor dem Sitzen nennen. Als ob man eine Spülmaschine ausschließlich als Aufbewahrungsort für sauberes Geschirr verwenden würde, ist man in Griechenland vielfach zwischen dem, worüber man früher hockte, und dem, worauf man eigentlich sitzen sollte, hängengeblieben.

Eile ist geboten, zum Zeitunglesen bleibt keine Zeit. Sie wären mitunter froh, hätten Sie doch eine dabei – wenn auch nicht unbedingt zum Lesen. Man soll eben traditionelle Gewohnheiten nicht leichtfertig aufgeben; diesen Fehler machen Sie kein zweites Mal. Der Mensch lernt schnell in solchen Dingen, und ein Balanceakt ist schließlich reine Trainingssache.

Routine aber schafft schließlich Langeweile, Langeweile fordert Abwechslung (ob es lediglich um eine Ablenkung von besagter entwürdigender Stehhockstellung geht, soll dahingestellt bleiben). Der Blick wandert und bleibt an einem ehemals weißen Etwas hängen, das an die Türe gepinnt ist. Trotz der ungelenken lateinischen Buchstaben wird schnell klar, was gemeint ist; der Blick wandert weiter und trifft auf ein Gefäß, das neben jenem steht, über dem man gerade mühsam balanciert. Als weiblicher Besucher haben Sie sich zweifellos damit abgefunden, daß frau in der Regel nicht alles, was zur modernen Hygiene gehört, einfach dort verschwinden läßt, wo es am schnellsten weg wäre.

Aber es gibt eine Grenze! Ist das ungemütliche Geschäft trotz des Muskelkaters vom Tag zuvor, glücklich beendet, wird noch verlangt, das Abschlußpapier in einen überfüllten Eimer zu manövrieren. Nein! Auch wenn man irgendwo einmal gelesen hat, daß nicht alle griechischen Flüsse ins Meer fließen, sondern manche unliebsamen Reststoffe mit einem Schwall Wasser in eine dafür vorgesehene luftdicht abgeschlossene Grube befördert werden, darin sie versickern sollen. Mag die Ägäis deswegen noch so türkisblau wie auf den Postkarten sein, mag Zellulose den angestrebten natürlichen Zersetzungs- und Sickervorgang behindern, so daß besagte Grube in regelmäßigen Abständen überläuft, der Hotelier oder Restaurantbesitzer einen Pumpwagen bestellen muß und ihn das auf Dauer zu teuer kommt. Über kurz oder lang wird er auf die türkisblauvernichtende Methode (à l'italienne) umsteigen! Trotzdem nein. Na gut.

Und tatsächlich, es geht. Warum auch nicht? Der Mensch ist ein Gewohnheitstier.

Vielleicht hilft es Ihnen ja, sich auf daheim zu freuen. Darauf, sich langsam und genußvoll niederzulassen. Vielleicht stocken Sie einen Augenblick, bevor Sie tatsächlich sitzen. Dann aber die Zeitung vor sich, die geblümte Rolle zur Linken an der Wand, Zeit, Ruhe, und danach noch einmal ganz kurz der irritiert nach einem Eimer suchende Blick, bevor die Zellulose in das Becken segelt und ein Druck auf den verchromten Spülknopf den alles beseitigenden Wasserfall herbeiruft.

Anmerkung: Veröffentlichungen von Anleitungen, Erkenntnissen oder Statistiken, die Aufschluß darüber geben könnten, wie die Griechen dieses Problem bewältigen – und ob es überhaupt ein Problem ist –, sind dem Autor nicht bekannt.

Wenn der Pate pfuscht
oder: Schief angeschaut

Bei der Liebe Gottes, Gevatter, wirf nicht den bösen Blick auf das Tier, es könnte krepieren!
Bauer zu Alexis Sorbas im gleichnamigen Roman von Nikos Kazantzakis

Sie kennen die Situation: Sie haben jemandes Bekanntschaft geschlossen, sind womöglich bei ihm eingeladen oder sonstwo mit ihm verabredet. Doch, wie unangenehm, Ihr Gedächtnis hat Sie im Stich gelassen. Sie können sich beim besten Willen nicht mehr an seinen Namen erinnern. Dabei haben Sie schon Brüderschaft getrunken! Was bliebe Ihnen in Deutschland da anderes übrig, als die peinliche Frage »Äh, wie war denn noch schnell mal...?« zu stellen. Die Wahrscheinlichkeit, auf gut Glück den Namen zu *erraten*, dürfte schwerlich größer sein, als ein – sagen wir – Vierer im Lotto.

Nicht so in Griechenland. Dort liegt die Chance, einen Treffer zu landen, in etwa bei eins zu fünf, ist also vergleichsweise hoch genug, daß man einen Tip riskieren könnte.

Über 98 Prozent der Griechen sind orthodoxe Christen. Das hört sich schlimmer an, als es ist, denn mit Glaubensfanatismus hat dieser hohe Anteil wenig gemein. Ein knappes Jahr, nachdem ein neuer Grieche das griechische Licht der Welt erblickt hat, wird er beinahe automatisch Mitglied der *Östlich-Orthodoxen* (= rechtgläubigen) *Kirche Christi*, glaubt fortan an Gott Vater, Sohn und Heiligen Geist, nicht aber daran, daß Maria leibhaftig gen Himmel aufgefahren sei oder der Papst etwas zu dogmatisieren hätte. Wer etwas anderes oder gar nichts glaubt, kann aus der Kirche austreten. Nicht nur auf dem Land würde das einem Austritt aus dem gesellschaftlichen Leben gleichkommen, schon allein wegen der vielen Feste und Feiertage, auch der staatlichen, die alle kirchlich geprägt sind. Denn wo es in Griechenland etwas zu feiern gibt, wird zuvor in die Kirche gegangen.

Vor der Weihe mit den ersten Sakramenten muß das Neugeborene mindestens ein halbes Jahr konfessions- und namenlos in der Wiege liegen. Erst dann ist es kräftig genug, die Prozedur der Tauffeierlichkeiten zu überleben. Bis dahin wird es *Béba* gerufen, mit dem griechischen Synonym zu Baby, obwohl die Eltern, kaum daß sie das Geschlecht des Kindes kennen, schon wissen, wie ihr *Béba* einmal heißen wird.

Der Namensgebung sind in Griechenland – eher traditionell als obligatorisch – sehr enge Grenzen gesetzt. Die Kinder werden nahezu durch die Bank auf die Namen ihrer Großeltern getauft. Wie Sie sich vorstellen können, läßt diese Regelung keine große Vielfalt zu. Natürlich gibt es auch einen *Sokrátis*, eine *Alíki* oder einen uns geläufigen *Andreas* (was Ihre Chance beim Namenraten, in etwa vergleichbar der Null beim Roulette, geringfügig zu Ihren Ungunsten verschlechtert). Aber im Prinzip kreist alles um fünf männliche sowie fünf weibliche Vornamen, heißt also Ihr Gastgeber *Dimítrios*, *Konstadínos, Panajótis, Geórgios* oder *Nikoláos* und seine Frau entweder *Stavrúla, María, Eléni, Sofía* oder *Panajóta*. Da dies ein bißchen wenig Individualismus für zehn Millionen Griechen ist, behilft man sich mit diversen Abkürzungen. So wird das Mädchen Panajóta auch *Túla, Jóta, Póta, Potítsa, Potúla* oder *Takía* gerufen, die Stavrúla kann *Rúla, Vúla* oder *Lítsa* heißen, der Konstadínos heißt auch *Kósta* oder *Dínos*, der Dimítris *Mítsos, Dími* oder *Mími*.

Schwierig für die behördliche Identifikation ist, daß die Nachnamen kaum origineller sind. Der Anfang der neunziger Jahre in Griechenland regierende Ministerpräsident, in Amt und Schlichtheit seines Namens Gegenstück zum deutschen Bundeskanzler Helmut Kohl, hieß *Konstadínos Mitsotákis* (Mítso = Dimítris und Tákis = Panajótis), eine Namenskonstellation, die trotz allem immer noch mehr Pepp hat als Dimítris Dimitriádis, was soviel wie, Sie ahnen es schon: der Dimitri vom Dimitri heißt.

Kein Wunder, daß man in Griechenland kein offizielles Papier ausfüllen kann, ohne die Vornamen seiner Eltern anzugeben. Selbst bei so banalen Vorgängen wie der Eröffnung eines Sparkontos darf dieser Zusatz nicht fehlen. Der Bankangestellte, der meine Unterlagen bearbeitete und ganz offensichtlich in dieser Beziehung selten mit Ausländern zu tun gehabt hatte, war ganz erstaunt, daß in meinem Paß die Namen meiner Eltern nicht aufgeführt sind. Er und sein hinzugezogener Vorgesetzter mußten mir schlichtweg glauben und schrieben nach einigem Zögern doch in großen Lettern »Martin Pristl of Hermann and Edeltraud« auf die Akte.

Die mangels Abwechslung geringe persönliche Note des eigenen Namens könnte den Anschein erwecken, daß man diesem wenig Bedeutung beimißt. Dennoch ist der Namenstag, und nicht der Geburtstag, wichtigstes persönliches Fest für den Griechen (allzu persönlich freilich auch wieder nicht, dafür feiern zu viele Namensvettern am selben Tag den Heiligen, auf den sie getauft wurden). Die Taufe selbst ist ein großes Ereignis, das mit einem gut zweistündigen Gottesdienst gewürdigt wird. Daß es so manchen »Heiligen«, wie zum Beispiel den heiligen Dimitrios, nie gegeben hat, der Name vielmehr auf die mystisch verehrte große Erdgöttin Demeter zurückgeht, sei nur am Rande und um deutscher Korrektheit willen aufgeführt. Seinen festen Platz hat der (falsche) Heilige seit Jahrhunderten im orthodoxen Kirchenkalender.

Vor der Taufe muß ein Pate für das *Béba* gefunden werden. Pate zu werden bedeutet in Griechenland,

Mitglied einer Familie zu werden – mit allen Konsequenzen. Die Griechen wären keine Griechen, wenn sie sich diesen Umstand nicht zunutze machten. Was liegt näher, als zu versuchen, eine prominente und/oder begüterte Persönlichkeit für dieses Amt zu gewinnen, jemanden, der dem Kind später einmal – und bis dahin vielleicht der Familie – von Vorteil sein könnte? Was liegt näher, als einen Politiker zu wählen? Was schließlich könnte diesen dazu veranlassen abzulehnen? Zwanzig Wählerstimmen für eine zweistündige Taufe sind ihm sicher. Allerdings hat er von nun an die Pflicht, sich für seine neue Familie auch einzusetzen. Es gibt Abgeordnete in Griechenland, die hundert oder mehr Patenkinder »betreuen« und sich für hundert oder mehr persönliche Interessen im Parlament engagieren müssen. Das ist nicht der helle Wahnsinn, das ist Politik (siehe: »Das Thema«).

Kinderreiche, auf einer unteren gesellschaftlichen Stufe lebende Familien haben es oft schwer, für ihre Jüngsten überhaupt Paten zu finden. Viele schrecken vor der absehbaren finanziellen Belastung zurück, Täufling samt Familie notfalls unterstützen zu müssen. Wer kann es sich schon leisten und ist noch dazu bereit, den Lebensunterhalt seiner Nachbarn mitzufinanzieren. Für das betroffene Kind könnte der fehlende kirchliche Segen eine schwere soziale Ausgrenzung bedeuten. Denn prinzipiell wäre es namenlos – ein Stigma, das in der Praxis wohl kaum angewendet wird; häufiger dagegen jenes, daß das Kind an den vielen Festtagen immer hintansteht: Nie dürfte es die Fahne tragen, nie das Kreuz, nie eine Aufgabe übernehmen.

Wenn ich Ihnen nun rate, eine Ihnen womöglich angetragene Patenschaft besser dankend abzulehnen, dann nicht deswegen, um Sie vor eventueller Ausnutzung zu bewahren. Nein, die Verbindung zweier Familien beruht ja auf Gegenseitigkeit. Ich denke vielmehr an das Kind, dem Sie durch Ungeschick im ungünstigsten Fall lebenslängliches Unglück bescheren könnten. Sie könnten aber auch für solch kleine Details wie riechende Füße verantwortlich gemacht werden. An Schweißfüßen oder Achselgeruch, insgesamt an allen Körperstellen, die stinken, ist der Pate schuld, aufgrund einer unsachgemäßen Ausübung des Taufkults.

Daß das Baby während der Zeremonie dreimal vollständig unter Wasser getaucht wird, gehört zwar zum spektakulären Teil der Handlung, wird aber vom taucherfahrenen Priester innerhalb kurzer Zeit erledigt. Viel aufwendiger ist die Vorbereitung. Vor dem Bad muß der Pate den strampelnden Nackedei einölen – mit Olivenöl, versteht sich. Hier aber heißt es, äußerste Vorsicht walten zu lassen. Denn von jeder Stelle des Körpers, die übersehen wird, könnten später besagte unangenehme Gerüche ausströmen. Irgendwie, werden Sie sagen, bringt man das sicher hin. Nur müssen Sie gleichzeitig höllisch aufpassen, daß kein einziger Tropfen des grünen Öls auf den Boden fällt. Einer der Gäste oder Sie selbst könnten versehentlich darauftreten und dadurch den kleinen

Schützling sein Lebtag unglücklich machen. Vorsorglich werden vor der Prozedur Tücher auf dem Boden ausgebreitet, die auch den kleinsten Tropfen auffangen sollen und zugleich als Trittschranke dienen.

Die Idee mit dem Öl, das getreten dem Täufling so schreckliches Unglück bringen könnte, wird übrigens konsequent zu Ende gedacht. Das nach dem dreimaligen Untertauchen ölig gewordene Taufwasser wird regelrecht entsorgt: Es wird entweder in einer eigens ausgehobenen Grube versenkt (damit man nicht darauftreten kann) oder ins Meer gekippt. Das gleiche gilt für das Wasser, in dem die Tücher nach der Taufe gewaschen werden: Meer oder Grube. Sie werden zustimmen, daß man den Verlauf des Abwassers einer Waschmaschine nur schwerlich genau verfolgen kann, man mithin nie sicher weiß, ob nicht doch gewisse Ölpartikelchen irgendwo den Tritten fremder Menschen ausgesetzt sein könnten.

Mit *prólipsi*, mit Aberglauben, haben solche Riten übrigens nicht das geringste zu tun. Ich habe mich mit einer Frau über den bösen Blick unterhalten, darüber, wie man ihn austreibt. Mir war der griechische Begriff für Aberglaube entfallen, und ich fragte sie:

»Wie heißt das alles zusammen schnell wieder?«

»Was?«

»Nun, das mit dem bösen Blick, daß man nicht mit dem Kopf Richtung Meer schlafen soll, daß im Hund der Teufel steckt, du weißt schon, der Oberbegriff für all das ...!«

Sie verstand nicht, worauf ich hinauswollte, denn solcher Volksglaube – pardon: solches Brauchtum – fällt in Griechenland nicht unter den Begriff Aberglaube.

An die vage Hoffnung, daß der Sohn oder die Tochter kräftiger würde, wenn man ihnen vor dem Schlafengehen ein Stückchen Brot unter das Kopfkissen legt, brauchen sich Eltern nicht mehr zu klammern, dafür sind die Zeiten zu gut. Kleine, aus Silber geformte Körperteile gibt es aber allerorten in Geschäften zu kaufen. Schmerzt der Meniskus, hängt man die Nachbildung eines Beins in der Kirche seines Heiligen auf, damit dieser auch nicht vergißt, wo's denn zwickt. Über den bösen Blick stolpert selbst das Muli noch ab und an. Und bezeichnenderweise wird die Frau, die sich darauf versteht, das Böse wieder auszutreiben, nicht Hexe, sondern *kalí jinéka* genannt: die »gute Frau«.

Da wir Deutschen die guten Helferinnen alle verbrannt haben, müssen wir mit dem bösen Blick leben. Deswegen werfen Sie Ihrer Frau gegebenenfalls Unachtsamkeit vor, wenn sie nun schon zum zweiten Mal in einer Woche das Mittagessen anbrennen ließ; deswegen auch müssen Sie mit der (ungerechtfertigten) Beschuldigung leben, beim gestrigen Skatabend zuviel getrunken zu haben, bloß weil Sie heute mißgelaunt sind und Kopfschmerzen haben. Dabei wurden Sie beide vielleicht lediglich schief angeschaut!

In Griechenland kommt in solchen Fällen die »gute Frau«: wenn das Baby schreit, der Esel bockt oder die

Großmutter Geschirr zerbrochen hat. Die *kalí jinéka* weiß die geheimen Formeln, die sie *evengélios* nennt, mit deren Hilfe sie aus einer Mischung von Wasser und – natürlich – Olivenöl die wahren Ursachen des Übels erkennen kann: Bleiben die beiden Flüssigkeiten getrennt, hat der werte Gatte – ungeachtet seiner gegenteiligen Behauptung – doch einen zuviel gehoben; vermischen sich hingegen Öl und Wasser, wollte ihm tatsächlich jemand etwas Böses. In diesem Fall zieht die »gute Frau« unter großer Anstrengung die Pein vom Opfer auf sich und übergibt sich und damit zugleich das Böse der Toilette. Der Familienfrieden ist gerettet.

Wäre Griechenland heute nicht in orthodoxer Hand, würde wohl kein Missionar die Griechen gerade zu dieser Lehre zu bekehren versuchen. Zu diesseitsbezogen ist dieses Volk, zu jenseitsbezogen der orthodoxe Glaube. Gaitanides schreibt, das »griechische Gewissen« könne diesen Widerspruch zwischen Leben und Tod überhaupt nur durch die »säuberliche Arbeitsteilung von Glauben und Wissen« ertragen. Kirche und Kafeníon sind zwei zu große Gegensätze, und die beiden Bilder des Popen, der am Sonntag im prächtigen Ornat, zwischen den Weihrauchschwaden kaum erkennbar, den Teufel an die Wand malt, und desselben Mannes, der einige Stunden später in schlichter schwarzer Soutane, das *kalamáfki* auf dem Kopf, bei einem Glas Oúzo über die Olivenernte diskutiert, könnte kaum größer sein. Einer gewissen

Gläubigkeit tut das dank der »säuberlichen Arbeitsteilung« keinen Abbruch. Sie läßt sich zum einen an der Einstellung ablesen, die man am ehesten als Achtung (wohl auch in Verbindung mit Angst vor dem, was nach dem Tod kommt oder nicht kommt) bezeichnen könnte, zum anderen spiegeln sie die vielen Kapellen und Tabernakel an den Straßenrändern, die alle privat gestiftet wurden.

Den Popen müssen Sie nicht suchen, er begegnet Ihnen überall, ist schier allgegenwärtig und, neben dem Olivenbaum, sicher eines der schönsten Fotomotive. Seine Tracht darf er nur daheim oder bei der Landarbeit ablegen.

Der griechische Dorfpope hat in der Regel noch eine Menge anderer Dinge im Kopf, als lediglich sonntags das Evangelium zu lesen. Zudem kommt er mit den umgerechnet etwa tausend Mark, die ihm der Staat monatlich an Gehalt gewährt, nur mühsam über die Runden, vor allem, wenn er eine Familie ernähren muß. Denn bevor er die priesterlichen Sakramente empfängt, darf der Herr Pfarrer in spe noch schnell heiraten. Seine Gemeinde kennt ihn daher nicht nur als ornatgeschmückten Geistlichen, sondern ebenso als Religionslehrer und Mitbürger, der um den Preis des Olivenöls feilscht, der sein Auto nach Feierabend »schwarz« reparieren läßt oder dessen Kinder die Schule schwänzen. Abgesehen von der Soutane und dem Quentchen mehr Achtung, das ihm die Alten entgegenbringen, unterscheidet er sich kaum von seinen Schäfchen, zeigt er sich als Mann, der mitten im schnellebigen Alltag steht. Daß die Kirche gleichzeitig von ihm verlangt, sein priesterliches Amt nach Vorgaben auszuüben, die sich seit gut tausend Jahren kaum verändert haben – das ist das eigentlich Orthodoxe an der orthodoxen Kirche –, nimmt seine Gemeinde als gegeben hin. Job ist Job.

Im Jahr 1054 n. Chr. hatte die Kirche beschlossen, orthodox, also rechtgläubig zu werden, was anfangs nicht viel mehr bedeutete, als alles beim alten zu lassen. Sollte die Westkirche zur Ansicht kommen, daß außer von Gott auch von seinem Sohn der Heilige Geist ausgehen könne – von diesem Zeitpunkt an waren Veränderungen im Glauben in der Ostkirche nicht mehr gefragt. Seit dem sogenannten Morgenländischen Schisma gehen beide Kirchen ihre eigenen Wege. Gott könne am nächsten kommen, diese Auffassung gilt offiziell, wer seine Lehren und Weisungen strikt befolge und am Kult seiner Verehrung tunlichst keine Veränderungen zulasse. Damit bliebe die Orthodoxie, so ihre Logik, auch der christlichen Urkirche am nächsten verwandt.

Keine Frage, daß solches Selbstverständnis in heutiger Zeit zu erheblichen Spannungen führt, vor allem deswegen, weil Staat und Kirche in Griechenland aufs engste miteinander verflochten sind, sich der Staat sogar verfassungsrechtlich dazu verpflichtet hat, ihr Fortbestehen zu sichern. Ihre reaktionären Grundsätze zwingen die Kirche geradezu, alle Neuerungen negativ zu bewerten. Daß Ikonenmaler, um nur ein Beispiel zu nennen, ihre Motive nach demselben

Schema anfertigen müssen wie vor Hunderten von Jahren, soll ein Detail innerhalb einer Glaubensgemeinschaft sein. Die Figuren werden unter anderem grundsätzlich frontal dargestellt, die Farbgebung ist festgelegt, die Zweidimensionalität Pflicht. Aber auf gesellschaftlicher Ebene wirkt sich solche Starrheit entwicklungshemmend aus. So ist es Ministerpräsident Andréas Papandréou während seiner (ersten) neunjährigen Regierungszeit nicht gelungen, die Zivilehe einzuführen, obwohl er sich das fest vorgenommen hatte. Der Sozialist mußte nach langen Disputen einem schier paradoxen Kompromiß zustimmen. Die zivile und die kirchliche Ehe stehen nun gleichberechtigt nebeneinander, das ehewillige Pärchen darf wählen, ob es vom Bürgermeister oder vom Popen getraut werden will.

Größter Streitpunkt seit Jahrzehnten sind die riesigen Ländereien, die der griechischen Kirche gehören, die aber größtenteils brachliegen. Mit sozialem oder karitativem Engagement hat die Orthodoxie nichts am *kalamáfki*. Enteignung lautet die Forderung vieler Politiker, die aber keiner durchzusetzen wagt. Die Drohung der Exkommunikation ganzer Parteien wirkt. Papandréou konnte lediglich einen weiteren Kompromiß aushandeln. Als Entschädigung für etwa 130000 Hektar Land, das die Kirche dem Staat überschrieb, erhalten Geistliche aus der Staatskasse nun Gehalt und Pension.

Ein großer Coup gegen die Kirche ist Papandréou allerdings gelungen: 1987 verabschiedete das Parla-

ment ein sehr liberales Abtreibungsgesetz. Seitdem hat jede Griechin drei Monate Bedenkzeit, um zu entscheiden, ob sie ihr Kind zur Welt bringen oder auf Kosten der staatlichen Krankenkasse abtreiben lassen will. Das Verhältnis von 300000 Abtreibungen zu 150000 Geburten pro Jahr gestattete es nicht mehr, auf religiöse Gefühle Rücksicht zu nehmen.*

Ihren starken Rückhalt in fast allen Schichten der

* Bewirkt hat diese Gesetzesänderung übrigens wenig, die Zahlen haben sich bis heute kaum verändert. Trotz erster Ansätze staatlicher Aufklärung können viele die Hemmschwelle, sich in einer Apotheke mit sicheren Verhütungsmitteln einzudecken, offensichtlich schwer überwinden.

Bevölkerung zieht die Kirche aus ihrer historischen Vergangenheit. Während der fast vierhundert Jahre dauernden türkischen Besetzung hielt sie, unter anderem in geheimen Klosterschulen, die im Osmanenreich verbotene griechische Sprache und Kultur lebendig. Ein Bischof war es auch, der am 25. März 1821 im Kloster Agia Lávra im Norden der Peloponnes die Fahne hißte und das offizielle Signal zum Aufstand gegen die Türken gab. Eine patriotische Tat, die zu unterstreichen die Kirche nicht müde wird. Daß sie sich eineinhalb Jahrhunderte später, während der Militärjunta, hinter die Obristen stellte, können die Griechen angesichts der historischen Bedeutung des Freiheitskampfes entschuldigen.

Das Thema
oder: Die Griechen verdienen zuwenig

Da kommt die Hoffnung!
Jubelnde Volksmassen in Pátras, als Andreas Papandréou 1993 mit einem Fährschiff zu einer Wahlveranstaltung in den Hafen einfuhr.

Im Herbst 1993 übernahmen die Sozialisten in Griechenland die Regierung. Bei Erscheinen dieses Buches wird der Inhalt dieses Kapitels aller Wahrscheinlichkeit nach überholt sein – auf den ersten Blick zumindest. Denn in diesem in jeder Beziehung eher eigenwilligen Land gilt immerhin eine Regel: Alle zwölf Monate gibt es eine größere Kabinettsumbildung; im Durchschnitt und seit 160 Jahren.

Auf den zweiten Blick werden Sie aus diesen Seiten trotz eines statistisch durchaus wahrscheinlichen Regierungswechsels recht problemlos Ihre eigenen Schlüsse ziehen und auf die aktuellen politischen Machtverhältnisse übertragen können. Ungeachtet aller parteilichen Grundsatzprogramme pflegen die neugewählt auf den Regierungsbänken Sitzenden die Innovationen derer, die jene Plätze räumen mußten, nicht nur rückgängig zu machen, sondern möglichst sogar ins Gegenteil zu verkehren. Die Zeit bis zum nächsten Wandel ist folglich zu kurz, um eine stattliche Anzahl eigener Konzepte zu verwirklichen.

Griechenland tritt auf der Stelle, könnte man folgern; doch das wäre übertrieben. Griechenland verliert den Anschluß. Bei seinem EG-Beitritt am 1. Januar 1981 reihte es sich an vorletzter Stelle ein. 13 Jahre und viele Brüsseler Milliarden später steht das Land unangefochten auf Platz 15, noch hinter dem früheren Schlußlicht Portugal.

Seit dem 10. Oktober 1993 regiert die PASOK, die *Panhellenische Sozialistische Bewegung*, unter der Führung des in Griechenland schon legendären Ministerpräsidenten (in seinen Machtbefugnissen vergleichbar einem deutschen Kanzler) Andréas Papandréou. Wenn Sie dieses Buch in den Händen halten, wird die Legende – will man den Prognosen der Opposition vertrauen – gestorben sein. Und das vielleicht im wahrsten Sinne des Wortes, denn der damals 74jährige Papandréou war nach einer kritischen Herzoperation bereits während des Wahlkampfes gesundheitlich schwer angeschlagen. Sein konservativer Konkurrent Kostádínos Mitsotákis, gleich alt, aber ungleich fitter, kannte kein Mitleid. Amerikanische Strategen, Clinton-erprobt, hatten ihm empfohlen, Papandréous labilen Gesundheitszustand zum Wahlkampfthema zu machen. Der Erfolg blieb jedoch aus.

Drei Jahre zuvor, 1990, hatten sich 47 Prozent der Wähler noch für den Kreter Mitsotákis und seine *Nea Demokratía* entschieden und ihm damit zu einer hauchdünnen Mehrheit von einem Sitz im Parlament verholfen. *Kathársis* lautete der wichtigste Slogan Mitsotákis' kurz und bündig. »Reinigung« eines riesigen Sumpfes von Betrügerei, Korruption, sogar Erpressung, der den vorzeitigen Rückzug seines Vorgängers nach neunjähriger Amtszeit erzwungen hatte. Die politischen, wirtschaftlichen und privaten Verstrickungen, die Presse und Fernsehen nach und nach an die Öffentlichkeit brachten, erinnern an Zustände in Italien, nur daß Griechenland dazu keiner Mafia bedurfte. Vor einem später einberufenen Ehrengericht konnte dem angeklagten ehemaligen Ministerpräsidenten – er hieß übrigens Andréas Papandréou – nichts nachgewiesen werden.

Griechenlands demokratisch-republikanische Bemühungen befinden sich heute in einem vorpubertären Stadium; die Zeit für die nötige Reife war bislang zu kurz, betrachtet man das vergangene halbe Jahrtausend seiner Geschichte. Vier Jahrhunderte lang trieb das griechische Schiff unter osmanischer Flagge weitab von Aufklärung und Französischer Revolution; Absolutismus, Feudalismus oder Merkantilismus blieben Fremdwörter, der Kapitän im Sultansgewand ein Feind. Zwar wurde er 1827 mit Europas Hilfe von Bord geworfen, das Patent zur Schiffsführung wollte man (vor allem Großbritannien, Frankreich und Rußland) den Griechen dennoch nicht ausstellen. Man suchte einen »unabhängigen« Regenten, der tunlichst im Kielwasser allgemeiner europäischer Interessen steuern sollte. In Otto I., Sohn des Bayernkönigs Ludwig I., meinte man, ihn gefunden zu haben. Die Griechen erhielten bei diesem »Urnengang« keine Stimmzettel.

Kapitän Otto fuhr 27 Jahre auf der *Griechenland*, besser gesagt, er dümpelte, denn die erhoffte steife Brise blieb aus. Mit seiner Mannschaft wurde er, Fremder und kinderloser Katholik, nie warm. Vielleicht aber förderte er bei seinen Untertanen zumindest die Vorliebe für die Farben Blau und Weiß (oder sollte ich schreiben: Weiß-Blau?). Das ist eine Theorie, zugegeben. Dennoch gemahnen die Farben der neunstreifigen Landesflagge, die, obwohl erst 1978 eingeführt, schon zu Ottos Zeiten bekannt war, sehr an die bayerischen; und das Kreuz in der linken oberen Ecke symbolisiert eher das katholische als das orthodoxe, das in der Waagrechten üblicherweise zwei Balken hat. So gesehen wäre es das signifikanteste Zeichen, das Otto in Griechenland gesetzt hatte. Griechische Inseln kann sich heute kaum einer mehr ohne weiß gekalkte Häuserwände und blau gestrichene Fensterläden vorstellen. Seine Idee, das Byzantinische Reich wiederauferstehen zu lassen, mochte zwar kurzfristig begeistern, über Ottos erfolglose Ruderbefehle konnte sie jedoch nicht hinwegtäuschen. Einer Verfassung stimmte er nur widerwillig und unter Androhung von Gewalt zu. In einer stürmischen Nacht des Jahres 1862 meuterte die Mannschaft, und der Wittelsbacher ging über Bord (zurück nach Bayern).

Die See blieb rauh, Herrscher waren lange Zeit Fremde. Nach dem Ersten Weltkrieg manifestierte sich die Idee, Gebiete in Kleinasien und auf der Balkanhalbinsel, in denen Griechen lebten, zu annektieren. *Megáli idéa* (große Idee) wurde dieses Vorhaben genannt, an das man sich heute eher unter dem Begriff Kleinasiatische Katastrophe erinnert. 1922 wurden die Griechen von Mustafa Kemal (Atatürk), dem Sieger im heiligen Krieg, wie ihn die Türken daraufhin nannten, vernichtend geschlagen. Seitdem gibt es in Kleinasien keine Griechen mehr. Zehntausende flohen, viele wurden von den Türken verschleppt. Noch im Jahr der Niederlage kam es zur vertraglichen Vereinbarung über den Austausch türkischer und griechischer Minderheiten: 500000 Türken mußten Griechenland verlassen, vor allem aus Kleinasien kamen im Gegenzug über eine Million Griechen.

Aus dem Zweiten Weltkrieg versuchten sich die Griechen herauszuhalten. Am 28. Oktober 1940 klopften drei italienische Botschafter nachts um drei an die Schlafzimmertüre des damals amtierenden griechischen Diktators Metaxas. Mussolini, sagten sie, lasse anfragen, ob er seine Truppen auf griechischem Territorium stationieren dürfe. *Ochi!* soll Metaxa gerufen haben. Geholfen hat dieses »Nein«, das seitdem als Symbol des Widerstands gegen den Faschismus gilt (der 28. Oktober, der sog. Ochi-Tag, ist heute Nationalfeiertag), nichts. Zwei Tage später marschierten italienische Truppen in Griechenland ein. Da Mussolini zurückgeschlagen wurde, kam ihm Hitler ein halbes Jahr später zu Hilfe – erfolgreich.

Für Griechenland wirkten sich die Folgen des Weltkriegs katastrophaler aus als der Krieg selbst. Im Jahr 1941 traten im wesentlichen zwei Widerstandsgruppen auf den Plan, die das Volk in zwei Lager spaltete: die (bedeutendere) kommunistische Liga EAM sowie die konservativ republikanische EDES. Als nach dem Krieg die Linken aufgefordert wurden, ihre Waffen abzugeben, und die Rechten in die neue Armee eingegliedert werden sollten, entbrannte 1946 ein Bürgerkrieg zwischen beiden Lagern, der von dem Land weit mehr Opfer forderte als das Völkergemetzel. 1949 schließlich unterlagen die Kommunisten.

Demokratische Staatsformen, wie sie im westlichen Europa spätestens seit Ende des Zweiten Weltkriegs üblich sind, probierten die Griechen erst 30 Jahre später aus. 1974 entschieden sich über 70 Prozent der Wähler für die Staatsform der parlamentarisch-demokratischen Republik. Noch 1967 hatte das Militär geputscht, unter der Führung von Oberst Geórgios Papadópulos für sieben Jahre die Herrschaft übernommen und das Land in eine Militärkaserne verwandelt.

In den zwanzig Jahren, seitdem die Griechen ihren Kapitän per Urnengang wählen, hat sich noch kein Vertrauensverhältnis zwischen Staat und Volk herausgebildet. Daß beide Parteien im selben Boot sitzen, wird verdrängt. Besteht man als Kunde im Friseursalon auf einer Quittung (und damit auf der Mehrwertsteuer), kommt sofort die ungläubige Frage: »Mein Freund, meinst du denn nicht, daß Andréas (Papandréou) schon genügend Drachmen kassiert hat?« Andréas hingegen wird die Frage, wann er denn endlich gedenke, eine Politik frei von Klientelwesen und Vetternwirtschaft zu betreiben, zu selten gestellt. Man wird das Gefühl nicht los, daß beide Seiten sogar ein gewisses Verständnis füreinander aufbringen. Die einen wären dumm, würden sie aus ihrer machtpolitischen Stellung keinen Nutzen ziehen wollen, die anderen, würden sie solches Streben unterstützen. Zur Vetternwirtschaft gehören Vettern. Wer in Griechenland ein Haus bauen will, sollte sich einen regierungstreuen Architekten suchen – dann muß er nicht so lange auf die Baugenehmigung warten.

Eine ähnliche Unbekümmertheit läßt sich auch in Griechenlands Europapolitik ausmachen. Daß man – bislang ohne größere Probleme – die höchsten Zuschüsse kassiert, registrieren viele als angenehme Überraschung. Kein Wunder, daß eine Mehrheit der Bevölkerung pro Europa eingestellt ist. Überall, wo neue Straßen gebaut werden, wirbt die Regierung mit großen blauen Schildern und endlos langen Zahlenkolonnen für die europäische Idee.

Im Kafeníon flimmert der Fernseher ohne Unterbrechung, was wenig stört, denn ausländische Spielfilme und Fernsehserien werden selten synchronisiert, sondern mit Untertiteln ausgestrahlt. Wer einen Film verfolgen will, ist nicht darauf angewiesen, daß die Lautsprecher das Gespräch der übrigen Gäste zu übertönen trachten. Höchste Priorität aber, und da müssen auch Sie als Gast Ihre Unterhaltung dämpfen, genießt die politische Berichterstattung. Die Nachrichten informieren ausführlich über Vorgänge im In- und Ausland, Parlamentsdebatten werden oft mehrere Stunden lang übertragen. Keine Spur von Politikverdrossenheit; im Gegenteil: Politik ist *das* Thema schlechthin.

Eines der wichtigsten Probleme, mit denen Griechenland in den neunziger Jahren zu kämpfen hat, ist seine schlechte wirtschaftliche Lage. Obwohl das Land seit Jahren immer höhere Zuschüsse aus Brüssel kassiert – 1994 waren es sechs Prozent des griechischen Sozialprodukts –, hat es im EU-Vergleich die höchste Inflationsrate, das niedrigste Pro-Kopf-Einkommen und eine Produktivität, die um 50 Prozent unter dem europäischen Durchschnitt liegt.

Warum das so ist, läßt sich relativ einfach beantworten: Die Griechen verdienen zuwenig. Bei einem durchschnittlichen Jahreseinkommen von umgerechnet wenig über 11 000 Mark kann der Staat keine hohen Steuern abzwacken. Aber Sie müssen kein aufmerksamer Beobachter sein, um zu sehen, daß das Verhältnis zwischen dem ziemlich gehobenen Preisniveau, dem Lebensstandard und dem niedrigen Durchschnittsgehalt nicht stimmen kann. Die Zahl 11 000 stammt vom Finanzamt, und dort kann nur be-

rechnet werden, was der »brave« Steuerzahler angibt. Doch der trägt, schätzen Experten, kaum mehr als die Hälfte seines realen Einkommens in die Formulare ein. Da jeder Grieche alles – zumindest so einigermaßen – kann, üben die meisten mehrere Berufe parallel aus. Der Olivenbauer vermietet im Sommer Apartments an Touristen, der Lehrer erteilt nachmittags Nachhilfeunterricht, der Sparkassenangestellte führt nebenbei ein Kafeníon und unterhält zusätzlich zusammen mit seinem Bruder ein Taxi, und der Finanzbeamte – warum sollte er sein Geschick nicht nutzen – versteht sich ausgezeichnet aufs Reparieren von Autos.

Als der konservative Mitsotákis den über zahlreiche Affären gestolperten Sozialisten Papandréou abgelöst hatte, versprach er seinen Landsleuten und seinen europäischen Partnern, Griechenland wirtschaftlich wieder auf Vordermann zu bringen. Löhne und Gehälter sollten sich nicht mehr automatisch der hohen Inflationsrate anpassen, die maroden und ineffizient arbeitenden Staatsbetriebe privatisiert sowie die etwa 25 Prozent aller Beschäftigten auf den Gehaltslisten des öffentlichen Dienstes auf vertretbare maximal 15 Prozent abgebaut werden. Und alle zusammen sollten endlich einmal Steuern zahlen. So hatten sich Mitsotákis' Wähler den Weg zur wirtschaftlichen Gesundung wohl nicht vorgestellt. Die Streikwelle, die das Land vor allem wegen der drohenden Privatisierungsmaßnahmen erschütterte, war selbst für griechische Verhältnisse ungewöhnlich (siehe auch: »No problem«). Mitsotákis blieb in vielen Fällen hart. Allein in Athen sollten 6000 Fahrer der staatlichen Verkehrsbetriebe entlassen werden. Den übrigen wurde angeboten, »ihren« Bus zu kaufen oder freiwillig zu gehen. Wochen- und monatelang blockierten die noch im Staatsdienst stehenden Fahrer daraufhin die Straßen oder hielten die Busse in den Garagen unter Verschluß. Schließlich mußte die Regierung Soldaten einsetzen, die die Bevölkerung auf Armeelastern durch die Gegend kutschierten.

Nach gut zwei Jahren Mitsotákis hatten die Griechen, deren Kaufkraft um 30 Prozent gesunken war, von seinem manischen Sparzwang die Nase voll. Der Ministerpräsident hatte seinen Rückhalt in der Bevölkerung und im Parlament vor Ablauf seiner Amtsperiode verloren. Das endgültige Aus erntete er mit seinen für griechische Verhältnisse vergleichsweise moderaten Tönen in *dem* außenpolitischen Problem schlechthin, das den Griechen in jüngster Zeit den Schlaf raubt: dem Streit um die Anerkennung einer ehemals jugoslawischen Teilrepublik, die sich *Makedonien* nennen will. Makedonien, so sieht es die Mehrheit der geschichtsbewußten Griechen, hat eine Menge mit Griechenland und Alexander dem Großen zu tun, aber rein gar nichts mit Jugoslawien. Als dann noch bekannt wurde, daß »neumakedonische« Fundamentalisten (sicherlich eine Minderheit) in Skopje Landkarten mit Thessaloniki als Hauptstadt eines »Vereinigten Makedoniens« anfertigten, gingen Hunderttausende auf die Straße. Die alte Angst eines an der Grenze zum Orient gelegenen Landes vor einer islamischen Umklammerung wurde wieder wach: die Türken im Nacken und nun auch noch Moslems vor der Nase. Daß die Türkei als erster Staat (zusammen mit Bulgarien) Makedonien offiziell anerkannte, war für die Griechen ein eindeutiges (Vor-)Zeichen. Der millionenfach gedruckte Aufkleber *Makedonien is Greece* springt dem Besucher überall ins Auge.*

Seit dem Zerfall der Sowjetunion ist über den Balkan eine Unruhe gekommen, die die Griechen mit Argwohn verfolgen. Mit gutem Grund, denn ganz so griechisch, wie es die Griechen behaupten, ist Makedonien gar nicht, wenn man einmal die Grenzen des Alexanderreiches außer acht läßt, die heute lediglich Historiker interessieren können. Erst nach den beiden Balkankriegen 1912/1913 erhielten die Griechen im Frieden von Bukarest (neben Kreta) wieder Teile Makedoniens zugesprochen, die andere Hälfte dieser Region teilten sich jedoch Serbien und Bulgarien.

Die auf dem Balkan neuerwachten nationalen Interessen lassen die Kluft zwischen Morgen- und Abendland wieder breiter werden; die Griechen fühlen sich eingekesselt von Muslimen in Bulgarien, Albanien und dem jugoslawischen Makedonien auf der einen und den Türken auf der anderen Seite. Bislang weitgehend ignorierte muslimische Minderheiten, vor allem im Westen der griechischen Provinz Thrakien, bereiten den Nachfahren Alexanders mit einem Male Kopfzerbrechen, weil sie sich um deren bessere

* Auf der Internationalen Tourismus Börse (ITB) in Berlin 1994 wurden von den Griechen an die Messekunden ähnliche Aufkleber verteilt. Da auch die Türkei mit Ständen vertreten war, hielt man sich mit der Formulierung etwas zurück: »MAKEDONIA – 4000 Years of Greek Civilization«.

Integrierung jetzt schleunigst Gedanken machen müssen. Denn daß die Türkei »günstige Gelegenheiten« zu nutzen weiß, bewies sie letztmalig 1974 auf Zypern. Als die griechische Nationalgarde – freilich gegen bestehende Verträge – unter dem Obristenregime der Junta auf der Insel einmarschierte, boten die Türken umgehend eine Übermacht von 40000 Soldaten auf, um ihre Minderheit auf Zypern zu schützen. Hätten sich die Obristen nicht Hals über Kopf zurückgezogen (parallel dazu stolperte auch das Militärregime), wäre es zum Krieg gekommen. Die Insel ist seitdem geteilt, ein Ende des Konflikts läßt sich nicht absehen.

Auch heute nehmen die gegenseitigen Sticheleien kein Ende. Einmal mehr hatte der türkische Außenminister Cetin 1994 auf einer Nato-Konferenz klargemacht, daß die von den Griechen seit langem geplante Ausdehnung der Hoheitsgewässer in der Ägäis für die Türkei ein »Kriegsgrund« wäre: ein Argument mehr für Griechenland vor der Nato, sieben Prozent seines Sozialprodukts dem Militär zufließen zu lassen, so viel wie kein anderer Partner.

Der wiedergewählte Papandréou versprach seinen Anhängern in der Makedonien-Frage einen harten Kurs. Der Schock kam wenige Monate später, als nicht nur die USA, sondern auch die Europäische Union Makedonien als Staat anerkannten.

Über die künftige Politik der PASOK gibt es nicht viele Worte zu verlieren. Papandréou hatte seine Wahl schließlich mit dem obligatorischen Versprechen gewonnen, die Programme seines Vorgängers rückgängig zu machen. Die Athener Busfahrer, um auf dieses Beispiel zurückzukommen, die dem Staat nach langem Ringen die heruntergekommenen Fahrzeuge recht günstig abgekauft und mittlerweile freilich auch in Schuß gebracht hatten, mußten die Busse wieder an den Staat verkaufen.

Der Fluch der späten Geburt
oder: Warum der türkische Kaffee in Griechenland griechischer Kaffee heißt

Mehr als Ruinen hätten wir nicht ertragen.

Joachim Fernau

Am besten halten Sie sich raus! Wenn Sie durchaus an einer Diskussion über griechische Geschichte teilhaben wollen, sollten Sie sich auf ein gelegentliches *po-po-poooooo*! beschränken und dabei Ihrem griechischen Gesprächspartner ehrfurchtsvolle Blicke zuwerfen. Denn *Ihre* Vorfahren sind schließlich noch in Fellen herumgelaufen und haben in Höhlen geschlafen, als der Grieche bereits, in den Stoen der Gymnasien wandelnd, philosophierte.

In dem Film *Eleni* nach dem gleichnamigen Buch von Nikolas Gage, in dem der Autor den schrecklichen Tod seiner Mutter im griechischen Bürgerkrieg beschreibt, ist Spiros als Dorfschulmeister nur kurz im Bild (als Rebellenführer später öfter). Lange genug aber, um seine Schüler über die unvergleichliche Stellung Griechenlands zu belehren:

»Bevor es England gab, gab es Griechenland.« (Pause)

»Bevor es Amerika gab (gewichtige Pause), gab es Griechenland!«

Seien Sie sich auf Ihrer Reise durch dieses Land immer bewußt, daß die Griechen ein auserwähltes Volk sind, daß auf ihrem Boden unsere gesamte abendländische Kultur gewachsen ist. Den Griechen haben wir unsere Zivilisation zu verdanken, ohne sie würden wir nach wie vor unter germanischen Eichen sitzen und uns an Met berauschen. Wagen Sie es nicht, etwa einzuwerfen, daß sich die Zeiten geändert hätten und man nach zwei-, dreitausend Jahren nicht mehr von gestern sprechen könne. Vorsicht! Vergessen Sie nicht, daß Sie mit den Enkeln von Platon, Aristoteles und Alexander dem Großen reden! *Po-po-pooooo*, dieser lautmalerische Ausdruck der Bewunderung ist das einzige, was Sie sich leisten dürfen. Sie können ohne Frage das heutige Griechenland, seine Politik, seine Wirtschaftslage, seine Einstellung zu zeitgemäßen Fragen, was auch immer, kritisieren (und werden dabei erstaunt sein, wie viele gut über die Zeitgeschichte anderer europäischer Staaten informiert sind). Mit einem wertenden Vergleich zum antiken Hellas aber ziehen Sie sich unweigerlich den Haß eines jeden Griechen zu – jedes Volk hat seine Achillesferse.

Man wird es stets zu würdigen wissen, wenn Sie sich recht gut in der griechischen Geschichte auskennen; auf wenig Gegenliebe werden Sie stoßen, sollten Sie sich dazu hinreißen lassen, sie besser kennen zu wollen als Ihr griechischer Gesprächspartner. Daß *ich* mir als *xénos*, als Fremder, als ein *barbáros* (Sie kennen dieses Wort), wie man mich vor Zeiten genannt hätte, sogar dazu versteige, eine *Gebrauchsanweisung für Griechenland* zu schreiben... Nun gut.

Die Anfänge der Griechen liegen, wie die Anfänge anderer Völker, im Nebel grauer Vorzeit verborgen. Das Aufspringen der Knospe unserer kulturgeschichtlichen Blüte wird auf zirka 2600 v. Chr. datiert, als auf Kreta ein frohsinniges Völkchen ein sonniges Leben führte. Nach einem ihrer Könige namens Minos, den es wahrscheinlich nur der Sage nach gegeben hat, nannte man sie Minoer. Und da auch deren Konturen in vorgeschichtlicher Dunkelheit verwischen, glänzt der Mythos um so heller. »Wir blicken (nach Oscar Wilde) durch den Schleier der Kunst auf die Zeiten zurück, und die Kunst hat es zum Glück immer noch verstanden, die Wahrheit zu verbergen«, weswegen die folgenden Sätze eigentlich immer mit dem Vorbehalt: »Nach der vorherrschenden Meinung unter den Historikern und Archäologen« beginnen sollten. Deren Meinung zufolge waren die Minoer so etwas wie Blumenkinder, die sich von den späteren »Achtundsechzigern« durch kaum mehr als einen gewissen Materialismus und kürzere Haare unterschieden. Frohsinn und Lebensfreude schreibt man ihnen zu (da die Wand- und Vasenmalereien, die sie hinterließen, keine kriegerischen Szenen, nicht einmal Jäger aufweisen), Naturverbundenheit (Motive wie Blumen, Schmetterlinge und Delphine), mutterrechtlich orientiert waren sie möglicherweise (da sich die Männer auf Fresken und Vasen eher im Hintergrund halten), intelligent (Linear-A- und B-Schrift), und eine große Flotte müssen sie besessen haben (anders vermag man sich das völlige Fehlen von Verteidigungsanlagen nicht zu erklären). Was den Untergang der minoischen Kultur besiegelte – ob eine Naturkatastrophe oder imperialistische Gelüste fremder Völker –, darüber gibt es zur Zeit keine »vorherrschende Meinung«. Es könnten die Mykener gewesen sein. Um 1400 v. Chr. war auf Kreta jedenfalls Schluß. Das Festland sorgte für Schlagzeilen.

Die fünfhundert Jahre zwischen 1600 und 1100 v. Chr. liegen uns nicht nur zeitlich näher: Männlichkeit, meterdicke Mauern, Streitwagen, Schwerter, kurz: Mykene. Sagenhaft wird es um 1200 v. Chr. Damals hatte der Spartianerkönig Menelaos zehn Jahre die Stadt Troja belagert, weil Paris dessen Frau Helena entführt hatte. Über diesen Krieg sind wir ziemlich gut informiert, genauer gesagt, über die letzten 49 Tage, denn um 800 v. Chr. wurden die Ereignisse aktenkundig. Homer hat sie in seiner *Ilias* festgehalten. Zwei Bücher hat der Ionier geschrieben. Die *Ilias* (korrekt: *Ilion*), so nannte man die Stadt, die wir heute als Troja kennen, und die *Odyssee*, eine Art Fortsetzung seines ersten Erfolgsromans. In den letzten paar Jahrhunderten hat kein Mensch daran geglaubt, daß es den Historiker (*Ilias*) und Schriftsteller (*Odyssee*) Homer überhaupt gegeben hat, geschweige denn, daß die Inhalte der beiden Bücher historisch sein könnten. Bis eines Tages ein Deutscher kam, ein Generalist, kein Archäologe, und zu graben anfing: Schliemann. Ihm ist zu verdanken, daß Ihnen beim Thema Homer nun fast alle Glaubensrichtungen offenstehen, und Sie sich Ihre Version aussuchen können:

1. Homer ist tatsächlich eine historische Persönlichkeit und hat die *Ilias* und die *Odyssee* geschrieben.
2. Die *Ilias* ja, die *Odyssee* nein.
3. Es ist wohl nicht zu leugnen, daß die *Ilias* historische Momente tatsächlich beschreibt, aber im Prinzip sind die beiden Bücher nichts anderes als eine Sammlung lokaler und auch überregionaler Sagen, aufgeschrieben von wem auch immer.

Welche Meinung im heutigen Griechenland »Vorschrift« ist, bedarf gewiß keiner Erläuterung.

Für das Altertum war die Existenz Homers keine Frage. Herodot, der etwa 425 v. Chr. gestorben ist, schreibt beispielsweise, Homer habe »etwa vierhundert Jahre vor mir gelebt und nicht mehr«. Er dürfte nicht schlecht liegen mit seiner Schätzung. Und im gleichen Absatz schreibt er sinngemäß, Homer habe den Griechen ihre Götter »zurechtgeschnitzt«. Wir können froh sein, daß Homers Schnitzkunst eher Cartoons als hölzerne, entrückte Wesen hervorbrachte, daß seine Götter lachen, *unermeßlich* lachen konnten. Denn seit dem Erscheinen der ersten Auflage bedeuteten beide Bücher den (alten) Griechen weit mehr als vielen Christen heute die Bibel. Homers Fortsetzungsgeschichte war Schulbuch, theologischer Wegweiser, Unterhaltungsliteratur, praktischer Ratgeber und Lexikon in einem. Schüler pauken noch heute ab der siebten Klasse aufwärts pflichtgemäß neben den Fächern Geschichte und Altgriechisch (auch das ist keineswegs selbstverständlich, denn unsere Lehrpläne schreiben kein Althochdeutsch vor) eines namens *Odyssee*!

Die Jahreszahlen 776 und 323 v. Chr. grenzen jene Periode ein, die Griechenland buchstäblich weltberühmt gemacht hat. 776 steht für den Beginn der Aufzeichnungen der Olympischen Spiele (obgleich diese nach der neuesten »vorherrschenden Meinung« erst 70 Jahre später begonnen hatten), 323 für den Tod Alexanders des Großen. In das Jahr 770 dürfte die Geburt Homers fallen. Obwohl diese Epoche in vielen Büchern mit Aufstieg und Niedergang überschrieben wird, war sie doch viel mehr Aufstieg als Niedergang. Das endgültige »Aus« kam für die Griechen gut 1000 Jahre später.

Alles, wovon die Griechen bis in die Gegenwart zehren, ist in diesen Zeitraum einzuordnen, und das ist nicht wenig. Die aufrüttelnden Wissenschaftler Ioniens (auch Homer war Ionier), die es ohne die Androhung religiöser Verdammnis wagen durften, den Suppenteller Erde zur Kugel zu formen, die Philosophen, die aus ihren Diskussionen wußten, zumindest nicht viel zu wissen, die Künstler, die mit ihren Bildern frühe »Fotos«, mit ihren Reliefs »Filme« und mit ihren Statuen »Götter« und Weltwunder schufen; oder das Volk, der *démos*, das in höchster sozialer Not, als selbst drakonische Gesetze zu keiner Lösung mehr verhalfen, weitsichtig genug war, sein Schicksal in die Hände eines (politischen) Dichters zu legen, ihn blind mit allen Vollmachten auszustatten, um ihn dann vertrauensvoll so zu nennen, wie man es im Deutschen wieder einmal nicht ausdrücken kann. Der Münchner Historiker Christian Meier versucht es »umständlich, dafür einigermaßen genau« mit »Wieder-ins-Lot-Bringer«. Einhundert Jahre sollten seine Gesetze gelten, und damit man ihn nicht zwingen konnte, sie selbst zu verändern, legte Solon freiwillig Amt und Würden ab und verließ Athen. Was will Geschichte mehr bieten?

All diese Innovationen hatten mit dem Tod Alexanders ein Ende. Zu Zeiten der Römer und auch in den folgenden tausend Jahren des Byzantinischen Reichs spielte Hellas bei weitem keine vergleichbare Rolle mehr. Der wirkliche Niedergang läßt sich allerdings sehr genau datieren: mit dem Jahr 1453, dem Fall Konstantinopels. In diesem Jahr eroberte Sultan Mehmet die Hauptstadt des oströmischen Reiches. Griechenland fiel nach und nach unter türkische Herrschaft und schaffte es beinahe vier Jahrhunderte nicht, dieses Joch abzuschütteln.

Das ist also der griechische Niedergang, eine Tragödie, an der die Griechen bis heute zu beißen haben. Das Trostpflaster, daß man sich mittlerweile soweit aufgerappelt hat, seit 1981 Mitglied der EU zu sein, was die Türkei trotz starker Ambitionen bislang nicht erreicht hat, ist ziemlich klein. Die Söhne Platons, die

Erfinder der Demokratie, die Brüder und Schwestern im orthodoxen Glauben, die Wiege Europas unter der heidnischen Knute des Orients – Sie können sich gar nicht extrem genug ausmalen, wie schwer es die Griechen getroffen hat, daß sie sich eine derart lange Zeit nicht zur Wehr zu setzen vermocht haben.

Sollten Sie an einem 25. März in Griechenland sein, können Sie die Geschichte der Unterdrückung und vor allem die des Freiheitskampfes *erleben*, auch wenn Sie die griechische Sprache nicht beherrschen – die Gestik und der Tonfall sind eindeutig. Am 25. März 1821 rief Bischof Germanos im Norden der Peloponnes zum sieben Jahre währenden Befreiungskampf auf. Für die Einwohner von Kalamata und Umgebung sollte er länger dauern, denn sie stürmten unter Kolokotrónis (schauen Sie mal den 5000-Drachmen-Schein an) bereits am 23. los und feiern seither den Nationalfeiertag konsequent zwei Tage früher. Die heroischen Leistungen ihrer Urgroßväter müssen jeden 25. (bzw. 23.) März schon die Grundschüler detailliert nachempfinden. Nach wochenlanger Vorbereitung und dem obligatorischen Gottesdienst rezitieren sie auf jedem griechischen Dorfplatz mit stolzgeschwellter Brust und vor Anstrengung hochrotem Kopf, wie ihre Vorfahren den Türken im Kampf um die Freiheit die Köpfe abgeschlagen haben.

Das Thema Türken ist auf jeden Fall ein heikles in Griechenland, denn genauso schwer wie der Stolz auf die antike Vergangenheit wiegt die Schmach der langen Wehrlosigkeit. Mit nichts können Sie Ihre

Freundschaft und Liebe zu den Hellenen nachdrücklicher unterstreichen als mit einer abfälligen Bemerkung über die Türken, die Sie unauffällig ins Gespräch einfließen lassen. Man wird Ihnen auf die Schulter klopfen, Sie zu einem (türkischen) Kaffee einladen, der in Griechenland nicht einfach Kaffee, sondern *elinikós kafé*, »griechischer Kaffee« heißt. Solche Ungereimtheiten sollten Sie ignorieren, ebenso wie die Tatsache, daß die süßen Nachspeisen, die *glikós*, eher an den Orient als an den Okzident erinnern. Wir alle wissen ja (ausgenommen die Griechen), daß vier Jahrhunderte Fremdherrschaft Spuren hinterlassen müssen. Viel Türkisches ist nach über 150 Jahren freilich auch wieder aus Griechenland verschwunden. Das letzte Kafeníon in Athen, in dem man gemütlich eine Wasserpfeife schmauchen konnte, hat 1992 seine Pforten geschlossen.

Das Verhältnis zwischen Griechenland und der Türkei könnte fast ins Groteske abrutschen, stünden sich dabei nicht zwei (südländisch heißblütige) Nato-Partner gegenüber, die mit dem Feuer spielen. Die Griechen feiern jedes Jahr den 25. März, an dem das Startsignal zum Aufstand gegen die Osmanen gegeben wurde. Die Türken feiern jeweils ein knappes halbes Jahr später, am 30. August, den Sieg über die Griechen, die 1919, besessen von der *megáli idéa*, der »großgriechischen Idee«, nach Anatolien einmarschiert sind und 1922 von Kemal Atatürk von dort wieder vertrieben wurden.

Nein heißt ja und übermorgen nie
oder: Warum glauben Sie eigentlich, kein Griechisch zu können?

Ich bin ganz fest überzeugt, wenn ein alter Athener aufstände und hörte uns Griechisch reden, aufgrund bester wissenschaftlicher Forschung und mit schönstem und geübtesten Organe[1] so würde er die Aussprache abscheulich barbarisch[2] finden. Hörte er aber einen Neugriechen, so würde er wohl nicht so tadeln, aber nur, weil er nicht merkte, daß dies seine Sprache sein soll.

Friedrich Blaß

Obwohl die Überschrift darauf abzuzielen scheint, werde ich dieses Kapitel nicht mit der euphemistischen[3] These[4] beginnen, Griechisch sei gar nicht so schwer. Darauf könnten manche Leser zu Recht allergisch[5] reagieren, denn mit dieser Prognose versuchen zu viele Sprachführer, Sie zu becircen[6]. Und kaum hätten Sie sich einige elementare[7] Grundkenntnisse dieser Sprache angeeignet, würden mich die Griechen selbst Lügen strafen: Nach einer kurzen, aber frenetischen[8] Würdigung Ihres sprachlichen Talents würden sie Ihnen mitfühlend zu verstehen geben, daß die griechische Sprache die schwierigste auf dem Planeten[9] Erde sei und nur hochintelligente Menschen sie beherrschen könnten. Diesen pädagogischen[10] Fauxpas kann man allein damit entschuldigen, daß die Griechen sehr stolz darauf sind, die älteste bedeutende Sprache Europas[11] zu sprechen. Die Philologen[12] unter Ihnen werden mir zustimmen, daß diese These[4] nur mit Einschränkungen gilt, denn auch das Mittelhochdeutsche hat mit dem »Slang«, den wir heute sprechen, nur auf den zweiten Blick etwas zu tun.

Die offizielle »Amtssprache«, so nennt man das im lexikalischen[13] Jargon, ist in Griechenland heute Neugriechisch, und sie ist im speziellen Fall genau das Gegenteil einer Amtssprache, sie ist eine Volkssprache, eine sogenannte *dimotikí*. Auf diese Version des Neugriechischen hatte man sich erst 1975 geeinigt, nach einem Disput, der länger als ein Jahrhundert gedauert hatte. Davor mußten sich die Kinder in der Schule[14] gleich mit zwei griechischen Fremdsprachen quälen: mit dem Altgriechischen und mit der *katharéwussa*, der damals obligatorischen Amtssprache, die jedoch außerhalb elitärer Kreise kaum gesprochen wurde.

Griechisch ist tatsächlich die älteste Weltsprache. Sie war von Anfang an etwas Besonderes beziehungsweise schätzten sie jene, die sie gebrauchten, als etwas Besonderes ein und schimpften jeden, der sich anderweitig artikulierte, einen Barbaren[2], was der schon zitierte Kulturhistoriker[15] Egon Fridell so schön mit

»Laller« übersetzt. Ob das Altgriechische daneben auch die *schönste* Sprache Europas[11] (oder sogar der Welt) war, läßt sich heute kaum mehr beurteilen. Über Klang und Melodie[16] haben sich schon zu viele Wissenschaftler ihre Köpfe zerbrochen. Diese Ungewißheit entbehrt nicht einer gewissen Tragik[17], denn gerade die Verbindung von Rhythmus[18], verschiedensten Ausdrucksmöglichkeiten, variablem Satzbau und Melodie[16] müssen dem frühen Griechisch seine besondere Energie[19] und gleichzeitig Logik[20] verliehen haben, ließen es, laut[21] Paul Caurer, zu einer »zum Laut[21] gewordenen Gestikulation« werden. Als die Griechen längst schreiben konnten, war ihnen das stille Lesen allein zu monoton[22]. Von Ort zu Ort ziehende Rhapsoden[23] erfreuten sich größter Beliebtheit. Wer sich für zu Hause keinen gelehrten Sklaven[24] leisten konnte, der das Handwerk des Rezitators beherrschte und abends beim Schein der Öllampe[25/26] lyrische[27] Verse las, der trug sich selbst vor, ob aus dem Gedächtnis oder vom Papier[28] – aber immer laut[21]. Ein Kinofilm[29] mit Untertiteln, wie er heute in Griechenland üblich ist, hätte in der Antike an Blasphemie[30] gegrenzt, das Radio[31], auf Akustik[32] spezialisiert, wäre womöglich der Renner gewesen. Die Ästhetik[33] der Sprache muß, zumindest in den Ohren der Griechen, einzigartig gewesen sein, denn im Prinzip hätten sie ihrer Schrift, der ersten phonetischen[34] der Welt, viel mehr huldigen müssen als der Tatsache, lediglich einen wohlklingenden indogermanischen Dialekt[35] zu sprechen.

Genaugenommen haben die Griechen ihre Schrift nicht erfunden, sondern von den Phöniziern etwa im 11. Jahrhundert v. Chr.[36] abgeschrieben, ein Alphabet[37] aus 22 Buchstaben. Der Geniestreich der Griechen bestand darin, fünf für sie unbrauchbare Konsonanten durch ebenso viele Vokale zu ersetzen, die sie – und wir – bis heute fast unverändert beibehalten haben. Damit war es erstmals möglich, jedem einzelnen Sprachlaut einen eigenen Buchstaben zuzuordnen. Diese Entwicklung, dieser »kleine« Kunstgriff, brauchte etwa zwei Jahrhunderte, um sich durchzusetzen. Daß er letztendlich die Welt veränderte, konnte man schon hundert Jahre später ahnen, als Homer zur Feder griff und sich mit Hilfe der brandneuen Schrift zum ältesten Literaten Griechenlands und zum – wieder ein Rekord – bedeutendsten Europas[11] etablierte. Einige Jahrhunderte später schrieb man – freilich auch auf griechisch – das *Neue Testament*, das in Form der *Bibel*[38] zum meistverkauften Buch aller Zeiten wurde.

Daß die Griechen aufgrund dieser und unzähliger anderer Leistungen Patrioten[39] geworden sind, ist kein Wunder; daß sich ihre phantastischen[40] Errungenschaften in die Psyche[41] eingebrannt haben, eigentlich auch nicht. Das griechische Geschichtsbuch, in weiten Teilen ein Guinness-Buch der Rekorde, muß jedes Schulkind[14] auswendig lernen. Doch dann fällt 1453 Konstantinopel[42], die Türken bemächtigen sich des Landes und halten es über Jahrhunderte besetzt. Und was den Skandal[43] noch auf die Spitze treibt, ist die Tatsache, daß die Osmanen die griechische Kultur auszulöschen versuchen respektive auch die Sprache und Schrift verbieten. Vierhundert Jahre gehen an keinem Volk spurlos vorüber, ob es nun besetzt ist oder nicht. Die orthodoxe Kirche gründete unter hohem Risiko geheime Klosterschulen[14], die Mönche versuchten, das traditionelle Kulturgut zu bewahren. Aber eine Sprache läßt sich ebensowenig konservieren wie verbieten (sie wurde trotz des Verbots gesprochen).

Kaum hatten die Griechen ihre Fesseln abgeschüttelt (1827), setzten sich Fundamentalisten an den Schreibtisch[44] und fabrizierten eine »neue« Sprache, die sich stark am Altgriechischen orientierte. Heraus kam bei diesem Experiment die *katharéwussa*, ein künstliches Amts- und Gelehrtengriechisch, das von den Griechen mit ähnlichem Enthusiasmus[45] aufgegriffen wurde wie die sogenannte Welthilfssprache Esperanto von der Welt. Aus demokratiepolitischer[46/47] Sicht war die *katharéwussa* von vornherein Dynamit[48], da sie dem einfachen Volk nie geläufig wurde. Kinder lernten sie in der Schule[14] und redeten in der Pause[49] *dimotikí*. Politiker[46], Richter, höhere Angestellte oder auch Journalisten bedienten sich der elitären Amtssprache, der Taxichauffeur quatschte mit seinen Fahrgästen *dimotikí* und konnte in seinen Pausen[49] kaum die Zeitung entziffern, in der seine Brotzeit eingewickelt war.

Der Sprachdualismus hat seine Tradition in Griechenland. Schon um die Zeitenwende pflegte, wer

etwas auf sich hielt, das klassische Attisch[50], während die anderen, die nichts konnten oder auf sich halten konnten, in der *koine* daherredeten. Ein Konsens, der endgültig die Volkssprache als offizielle und einzige Amtssprache etablierte, kam schließlich 1975 zustande, nach dem Ende der griechischen Militärjunta.

Wenn Sie sich also heute auf den Hosenboden setzen und Neugriechisch büffeln, lernen sie die *dimotikí*. Daß das so einfach geht seit 1975, hat sich ganz offensichtlich noch nicht herumgesprochen. An der bedeutendsten Sprache Europas[11] haben die Deutschen kein Interesse. Nach einer Studie des Langenscheidt Verlages belegten an Volkshochschulen[14] im Jahr 1990 genau 15973 Personen[51] Neugriechisch (ein Prozent), kaum mehr, als sich im selben Jahr für Japanisch, Portugiesisch, Neuhebräisch oder gar Serbokroatisch eingetragen haben. Mögen die Humanisten noch von der Paukerei des Altgriechischen die Nase voll haben

– heute können sie damit kaum ein Glas Wein[52] bestellen; mögen andere davor zurückschrecken, *daßdieGriecheneinenSatzwieeineinzigesWortaussprechen*, das abweichende Alphabet[37] jedoch sollte nicht für den fehlenden Andrang verantwortlich sein. Die »andere« Schrift, von der ja die unsrige abstammt, soll für die Griechen ein Problem[53] sein, die ja als einziger EU-Staat eigene Lettern verwenden – für Sie aber nicht!

Α	α	alfa	a	**A**lexander
Β	β	víta	v	**W**ilfried
Γ	γ	gáma	g/j	Ein Laut zwischen g und j
Δ	δ	delta	d(h)	engl.: **th**ese (weiches th)
Ε	ε	épsilon	e	T**e**st
Ζ	ζ	síta	s	Va**s**e (stimmhaftes s)
Η	η	íta	i	L**i**st
Θ	ϑ	thíta	th	engl.:**th**is
Ι	ι	íota	i,j	**j**a
Κ	ϰ	kápa	k	**K**älte
Λ	λ	lámbda	l	**L**ampe
Μ	μ	mí	m	**M**arkus
Ν	ν	ní	n	**N**ebel
Ξ	ξ	ksí	x	Ma**x**
Ο	ο	ómikron	o	K**o**st (kurzes, offenes o)
Π	π	pí	p	**P**ark
Ρ	ϱ	ró	a	ital.: p**r**égo (»Zungen-r«)
Σ	σ	sígma	s	Ka**s**ten (stimmloses s)
Τ	τ	táf	t	**T**ag
Υ	υ	ípsilon	i	L**i**st
Φ	φ	fí	t	**f**ett

Χ	χ	chí	ch	Li**ch**t (nicht: Nacht)
Ψ	ψ	psí	ps	La**ps**us
Ω	ω	ómega	o	K**o**st (kurzes, offenes o)

Im Prinzip kennen Sie fast jeden Buchstaben noch aus der Schulzeit[14], aus dem Mathematikunterricht[54] beispielsweise: α (alpha), β (beta) und γ (gamma) als Bezeichnung der Winkel eines Dreiecks, das große Σ (sigma) symbolisiert die Summe, mit der Z (Zeta)-funktion müßten Sie die Primzahlzerlegung verbinden können, und daß man mit dem Faktor π (pi) das Verhältnis vom Kreisumfang zum -durchmesser oder von der Kreisfläche zum Quadrat des Radius berechnen kann (3,14...), das wußten schon die alten Ägypter[55].

In Physik hat man Ihnen bestimmt etwas über die Alpha-Teilchen (α) erzählt, über die Beta- (β) und Gamma- (γ) Strahlung, das δ (delta), das wissen Sie, ist die Energielücke[19] eines Supraleiters, das ε (epsilon) das Formelzeichen für den Emissionsgrad, das Verdichtungsverhältnis oder die Elastizität[56], das Lambda-Teilchen (λ) ist das leichteste aller Hyperionen – das hatten Sie vergessen? Gut, ich höre mit dem Thema[58] Mathematik[54] auf. Sie werden mir auch so glauben, daß beinahe jeder griechische Buchstabe eine mathematische[54] beziehungsweise physikalische[59] Biographie[60] hat.

Was für ein Auto[61] fahren Sie? Einen Alfa Romeo (α), einen Lancia Delta (δ) oder einen Opel Omega (ω)? Sind Sie an Parapsychologie[62/41] interessiert?

Dann müßten Sie mit den Psi-Phänomenen[63] (ψ) etwas anfangen können. Als Herzkranker haben Sie womöglich schon einige Betablocker (β) geschluckt, vielleicht hat Ihnen der Arzt[64] zusätzlich empfohlen, auf Omega-Fettsäuren (ω), also höhere, mehrfach ungesättigte Fettsäuren, zurückzugreifen? Haben Sie Schmerzen im Schulterblatt? Es könnte der Deltamuskel (δ) sein, der sich verspannt hat, zieht es dagegen im Bauch, könnte es am Sigma (Σ), dem s-förmig gewundenen Teil Ihres Dickdarms liegen. Und wer weiß, vielleicht kaufen Sie sich nächstes Jahr eine *Gebrauchsanweisung für Ägypten*[55] und fliegen mit den amerikanischen Delta-Air-Lines zum Nildelta (Δ)?

Ich werde Ihnen und mir die Chemiker ersparen, sonst reisen Sie womöglich gleich nach Ägypten[55], denn mit einem ω (omega) als »Kennzeichnung der endständigen Positionen eines Substituenten in kettenförmigen, organischen[1] Verbindungen« und dergleichen wird allenfalls eine Minderheit wirklich etwas anfangen können. Das Ω für den in Ohm gemessenen ekektrischen Widerstand wäre zwar geläufiger, und vom Omeganebel haben Sie wahrscheinlich schon etwas gehört (für Fachleute: M 17, NCG 6618), aber jeder Exkurs muß einmal ein Ende haben – auch dafür ist das ω der geeignete Buchstabe.

Da zusätzlich zu den physikalischen[59] und chemischen Eselsbrücken eine ganze Reihe von Lettern das gleiche Aussehen und die gleiche Bedeutung wie die unsrigen haben, nehme ich an, daß Sie das griechische Alphabet[37] in spätestens zwei Stunden intus haben, inklusive der wenigen wichtigen Sonderregelungen (Lautverbindungen):

ai	ναι	n**e**	ja
αυ	Ν**άυ**πλιον	N**áf**plion	
ει	**εί**ναι	**í**ne	sein
οι	**οι**κονομία	**i**konomía	Ökonomie
ου	Παπαντρέ**ου**	Papandré**u**	
γι	**γι**άου	**j**ásu	Hallo
γκ	**γκ**αρσόν	**g**arsón	Kellner
μπ	**μπ**άλα	**b**ála	Ball
ντ	**ντ**άμα	**d**áma	Dame (Schach)

Wenn Sie sich gemerkt haben, daß die Verbindung *au* als *af* gesprochen wird, können Sie den hübschen Namen des hübschen Städtchens Νάυπλιον (transliteriert: Nauplia) gar nicht falsch aussprechen, sondern sagen von vornherein und korrekt: Nafplion. Und dann werden Sie von selbst darauf kommen, daß der Weg vom griechischen *ευχαριστώ* (korrekt ausgesprochen: *efacharistó*, transliteriert: *eucharistó*) zur Katholiken[67] geläufigen »Eucharistiefeier« (Danksagungsfeier) gar nicht so weit ist.

Vielleicht ist die griechische *glóssa* (Sprache, Zunge) doch nicht die schwierigste der Welt, wenn Sie dabei nur das »Glossar« (Wörterverzeichnis) im Hinterkopf haben (am Ende dieses Kapitels gibt's übrigens auch eines). Sie müssen lediglich kombinieren, und wenn Sie gut kombiniert haben, dann können Sie sich abends im Restaurant dafür belohnen. Sie bestellen eine *glóssa* – und bekommen eine »Seezunge« serviert.

Freilich ist das Mittelmeer ziemlich leergefischt, und die delikate Seezunge ist auch in Griechenland, obwohl dort viel preiswerter, rar. Ich könnte mir gut vorstellen, daß in der Antwort des Kellners eines der wichtigsten Wörter der griechischen Sprache überhaupt vorkommt:

αύριο

Ávrio, »morgen«, so steht es zumindest im Wörterbuch; eine Illusion, die die Realität nur zu schnell zerstört. Morgen soll es wieder Seezunge geben, morgen soll die Klimaanlage[68] wieder funktionieren, morgen wird die Reparatur Ihres Wagens angeblich beendet sein. Aber daß die Griechen ein ungewöhnliches Zeitgefühl haben, wissen Sie ja schon. Ich würde *ávrio* im besten Fall mit »demnächst«, in der Regel aber mit »irgendwann« übersetzen. Die Steigerung von *ávrio* ist demzufolge logischerweise[20]

μέθαυριο

méthavrio, »übermorgen« eigentlich, in Wirklichkeit »nie«. Nur zu, beschweren Sie sich ruhig darüber, daß beispielsweise der Frühstückskaffee zu dünn war, dann werden Sie innerhalb kürzester Zeit auch die nächsten fünf elementaren[7] griechischen Wörter gelernt haben.

Λοιπόν

lipón, »also«, wird das junge Mädchen an der Rezeption sagen, so wie der Engländer mit seinem *well* sprachlich Lücken zukleistert.

Περίμενε

Perímene, »gedulden«[69] Sie sich einen Augenblick, wird man Sie bitten. Sie sei für den Frühstücksservice nicht zuständig, aber sie werde den Betreffenden sofort anrufen. Leider ist jener gerade außer Haus, es folgt ein Lächeln und ein

δεν πειράζει

dhen pirási, »macht gar nichts«. Sie brauchten sich keine Sorgen zu machen, es sei (Elementarwortschatz[7]: Wort Nr. 6)

εν τάξει

endáxi, »alles in Ordnung«, sie werde sich um alles kümmern, und, der Kreis schließt sich,

άνριο

werde der Kaffee bestimmt heiß sein.
Ich füge zur Abrundung ein

sigá-sigá an, ein »Immer-mit-der-Ruhe«, ein »Regen-Sie-sich-nicht-auf« ein »In-Griechenland-ist-eben-alles-anders«. Ein wichtiges Detail noch zum Schluß: Verkneifen Sie sich das so geläufige »nee, nee«, wenn Sie in Griechenland nein sagen wollen. »Nein« heißt *óchi*, und »ja« meinen die Griechen, wenn sie *ne* sagen. Sie würden dastehen wie ein Idiot[70], obwohl das eigentlich gar nicht so schlimm wäre (s. im Glossar unter der Nr. 70). Perfekt wäre ein klares »Nein« in Verbindung mit der korrekten Gestikulation: Werfen Sie den Kopf in den Nacken, spitzen Sie die Lippen wie zu einem Kuß und schnalzen Sie nach dem langgezogenen *oooochi* kurz mit der Zunge.

Glossar
oder: *glotta* = Zunge (Wörterverzeichnis); neugr.: *glóssa* = Sprache, Zunge

1 *Organ*: organon = Körperteil; neugr.: órgano
2 *barbarisch*: barbarein = lallen, stammeln (nichtgriechisch, Ausländer)
3 *euphemistisch*: ei = gut; pheme = Kunde, Ruf (gutsprechend)
4 *These*: thesis = Behauptung
5 *allergisch*: allos = anderer, ergon = Werk (fremder Stoff)

6 *becircen*: kirke = Göttin, die Odysseus verführte
7 *elementar*: elephas = Elfenbein (woraus früher die Buchstaben bestanden, mit denen vornehme Kinder das Lesen lernten)
8 *frenetisch*: phren = Zwerchfell, phrenitis = Seelenentzündung (heute: hirnwütig oder »Beifall klatschen wie blöd«); neugr.: frenetikós
9 *Planet*: planes = Wanderer (später: Wanderstern); neugr.: planítis
10 *pädagogisch*: pais = Kind; agogos = führend; neugr.: pedagogikós
11 *Europa*: Von Zeus von Kleinasien nach Kreta entführte Königstochter; eigentlich: ereb (hebr.) = finster, Abend, Westen; neugr.: efrópi
12 *Philologe*: philos = Freund, logos = Wort, Sprache; neugr.: filólogos
13 *lexikalisch*: lexikon = Wörterbuch; neugr.: lexikó, lexi = Wort
14 *Schule*: schole = wissenschaftl. Beschäftigung in der Muße; neugr.: skolío
15 *Historiker*: historia = Wissen, Untersuchung; neugr.: istorikós
16 *Melodie*: melodia = Gesang, Singweise; neugr.: melodía
17 *Tragik*: tragos = Bock; ode = Gesang (Tragödie, Bocksgesang; Feier zu Ehren des Dyonisos ohne Happy-End); neugr.: tragikótika
18 *Rhythmus*: rhythmos = gleichförmiges Auf und Ab der Meereswellen (geregelte Bewegung, Zeitmaß); neugr.: rithmós

19 *Energie*: en = auf etwas hin; ergon = Werk, Arbeit; neugr.: energía

20 *Logik*: logos = alles, was mit Rede und Wort zu tun hat; neugr.: logikí

21 *Laut*: klythos = berühmt (etwas, das man mit dem Ohr wahrnehmen kann); neugr.: laúto = Laute

22 *monoton*: monos = nur, allein, einzeln; tonos = spannen, anspannen, dehnen (Stimmbänder); neugr.: monótonos

23 *Rhapsode*: rhaptein = zusammenfügen, zusammennähen; ode = Gesang; neugr.: rapsodía = Rhapsodie

24 *Sklave*: sklavos = Slawe, Sklave (zur Erläuterung: Die ersten Opfer des Sklavenhandels waren Slawen)

25 *Öl*: eleion = Olivenöl, Öl

26 *Lampe*: lampein = leuchten; neugr.: lámba

27 *lyrisch*: lyra = Leier (war das klassische Dichterinstrument); neugr.: lirikós

28 *Papier*: papyros

29 *Kino*: kinetikos = die Bewegung betreffend; neugr.: kinimatográfos, auch: sínema

30 *Blasphemie*: blasphemia = schlecht sprechen, siehe auch Nr. 3

31 *Radio*: radios = mühelos, leicht (über lat. radios = Stab, Speiche, zu: leicht durchgängig, strahlend = radium); neugr.: rádio

32 *Akustik*: akustikos = das Gehör betreffend; neugr.: akustikí

33 *Ästhetik*: aisthetikos = wahrnehmend; neugr.: ethitikí

34 *phonematisch*: phonei = Laut, Ton, Stimme; neugr.: fonitikós

35 *Dialekt*: dialektos = Ausdrucksweise; neugr.: diálektos

36 *Christus*: chriein = bestreichen, salben; Christos = der Gesalbte; neugr.: Christós

37 *Alphabet*: alpha, beta (a, b); neugr.: alfavíto

38 *Bibel*: Die Hafenstadt Dochubai (Libanon) war der wichtigste Exporthafen für die aus Papyrus erzeugten Rollen; biblon = Buch; neugr.: vívlos

39 *Patriot*: patriotes = Landsmann, Mitbürger; über lat. pater = Vater; neugr.: patriótis

40 *phantastisch*: phantasia = Erscheinung, Bild, Vorstellung; neugr.: fantastikós

41 *Psyche*: psyche = Hauch, Atem, Seele; neugr.: psichikós (psychisch)

42 *Konstantinopel*: Constantinis = lat. Name für der Standhafte; polis = Stadt; Stadt des Konstantins (heute: Istanbul)

43 *Skandal*: skandalethron = Auslösevorrichtung in einer Tierfalle, führt zu skandalon = Fallstrick, Anstoß, Ärgernis; neugr.: skádalos

44 *Tisch*: diskos = Scheibe; neugr.: dískos = Scheibe

45 *Enthusiasmus*: en = auf etwas hin; theos = Gott (Gottesbegeisterung); neugr.: enthusiásis

46 *demokratisch*: demos = Volk; kratein = herrschen; neugr.: dimokratikós

47 *politisch*: polis = Stadt, politikos = die Bürgerschaft betreffend; neugr.: politikó

48 *Dynamit*: dynamikos = mächtig, kräftig, stark; neugr.: dinamitiká

49 *Pause*: pauein = aufhören; neugr.: páfsi

50 *attisch*: zur Landschaft Attika; neugr.: attikós

51 *Person*: lat. persona = Maske (Maske des Schauspielers = Rolle)

52 *Wein*: oinos (sprechen Sie Wein einmal schwäbisch aus!)

53 *Problem*: pro = vorwärts; ballein = werfen (das Hingeworfene); neugr.: prówlima; bála = Ball

54 *Mathematik*: mathema = das Gelernte; neugr.: mathimatiká

55 *Ägypten*: aigyptos = Sohn des Belos (Belos = hellenisierte Form des semitischen Gottesnamens Baal = der Herr); neugr.: Egíptos

56 *Elastizität*: elaunein = treiben, ziehen; führt zu elastos = dehnbar, biegbar; neugr.: elastikótita

57 *Hyperionen*: hyper = darüber hinaus, übermäßig; ion = gehend (gehendes, eilendes Teilchen); neugr.: iper ión

58 *Thema*: tithenai = setzen, stellen, legen (das Aufgestellte); neugr.: théma

59 *physikalisch*: physikos = von der Natur geschaffen; neugr.: fisikós

60 *Biographie*: bios = Leben; grapho = schreiben; neugr.: viografía

61 *Auto*: autos = selbst (mobil von lat. movere = bewegen); neugr.: aftokínito

62 *Parapsychologie*: para = neben; psyche = Atem, Seele, logos = siehe Nr. 20 (Psychologie: Lehre von der Seele); neugr.: psichología

63 *Phänomen*: phainomenon = das Erscheinende, die Himmelserscheinung; neugr.: fenómenos

64 *Arzt*: archi = erster; jiatros = Arzt; archiiatros = Erzarzt (heute: Oberarzt); neugr. iatrós = Arzt

65 *Air*: ari (Genitiv v. aeros) = Luft, Wind; neugr.: aéras

66 *Lines*: linon = Leinpflanze, Leinen, Schnur; neugr.: líno = Leinen(stoff)

67 *Katholik*: katholikos = das Ganze betreffend, allgemein (die umfassende Kirche); neugr.: katholikós

68 *Klima*: klima = Neigung, Abgang, geographische Lage; neugr.: klíma

69 *gedulden*: telos = Ende, auch Zahlung, Zoll, Steuer (alles Dinge, die Geduld abverlangen)

70 *Idiot*: idios = eigen, privat, eigentümlich; idiotes = Privatmann, einfacher Mann; neugr.: idiótis (medizinisch)

Ein Bild für Götter
oder: Wenn alle Griechen arbeiten

> Ein Grund, warum die Griechen nicht nur alt ausschauen, sondern auch alt sind!
> *Aus einem Werbeprospekt der Olivenölexportfirma F. Bläuel*

Behalten Sie den Olivenbaum im Auge. Überall, wo er wächst, wird man Ihnen sagen, sind die winterlichen Temperaturen mild. Denn mehr als zwei, drei Tage leichten Frost am Stück würde er nicht ertragen. Im kühlen Norden Griechenlands, in den Gebirgen nahe der albanischen Grenze, oder etwas weiter östlich, Richtung Alexandropolis, hätte er keine Chance. Da sich so um die 127 Millionen Ölbäume an die rare Erdkrume Griechenlands klammern, mangelt es jedoch nicht an lauen Plätzchen.

Verlassen Sie sich lieber nicht auf Ihr Gefühl, sollten Sie einmal vorhaben, im Winter einen Griechenland-Urlaub zu machen. Ihr Gefühl mag Ihnen suggerieren, es könne überhaupt nicht kalt werden in diesem mediterranen Land. Das Unangenehme aber daran ist, daß sich auch die Griechen – ich rede von jenen, die zwischen den 127 Millionen Ölbäumen leben – jedes Jahr aufs neue von den heißen Pfeilen Apolls täuschen lassen, diesen stechenden Strahlen der Sonne, die Griechenland Sommer für Sommer mehr als verwöhnen. Kaum wird das Wetter im April freundlicher, werden die Holzöfen in den Kafenía, den Tavernen oder auch Privathäusern abgebaut und weggeräumt. Die langen Blechrohre, die sich oft mehrere Meter durch die Räume winden, um dem Rauch das letzte bißchen Wärme abzugewinnen, bevor er im Freien verpufft, werden auseinandergenommen und samt Ofen im *apodíki*, der griechischen »Rumpelkammer«, verstaut und erst einmal vergessen. In der hintersten Ecke verschwindet die Saisonheizung, als wäre der eben vergangene Winter ihr letzter Einsatz gewesen. Denn war es tatsächlich ein lauer Winter, was selten der Fall ist, dann nimmt man sich vor, sich nächstes Jahr die Arbeit mit der Heizerei zu sparen, da es sich ohnehin nicht gelohnt habe; war der Winter kalt, wie meistens, dann war er, wie jeder (kalte) Winter, der kälteste seit langem, und der nächste werde zweifellos wieder angenehmer werden. (Einer ähnlichen Denkweise huldigt der deutsche Autofahrer, der sich in die langen Autoschlangen vor unseren Reifenservicestationen einreiht, *nachdem* es das erstemal geschneit hat.)

»Im allgemeinen aber«, schreibt Friedell, »scheint der antike Mensch gegen Temperaturschwankungen viel weniger empfindlich gewesen zu sein als der moderne. Es fehlte an jeglichen Schutzeinrichtungen gegen Zugluft, Erkältung, Katarrh und dergleichen. Die Heizung war höchst primitiv, die Häuser hatten Steinböden, schlecht schließende Türen, offene Fenster, durch die der Wind blies.« Er hätte hinzufügen können, daß dieser Zustand die 3000 Jahre bis in die Gegenwart überdauert hat, abgesehen davon, daß man sich gegen den Katarrh mittlerweile mit Penicillin wehrt. In Wirklichkeit fürchten die Griechen – im Gegensatz zu den Nordeuropäern – den Sommer. Schon im Februar laufen viele Landbewohner mit einem sombreroähnlichen Strohhut auf dem Kopf herum. Die dicken Steinmauern der Häuser halten die Räume in der heißen Jahreszeit zwar angenehm kühl, machen sie im Winter aber kalt. Durch die Fenster pfeift der Wind wie eh und je, die dünnen Ziegelmauern der Häuser in den Städten isolieren kaum, und die Zentralheizung funktioniert nicht, oder es lohnt sich nicht, sie einzuschalten – morgen könnte es schon wieder wärmer werden. Die modernen Griechen scheinen mit der Kälte beziehungsweise den kühleren Temperaturen nicht zurechtzukommen. Manche, die in den Bergdörfern leben, dort, wo oft mehrere Monate lang der Schnee das Leben zudeckt, »schützen« sich vor den Widrigkeiten des Winters, indem sie Haus und Hof verrammeln und spätestens im November an die milderen Küsten ziehen. Im Dorf bleibt allenfalls ein Wächter zurück. Und jene, die an den milderen Küsten wohnen, leben eher nach dem

Motto »Augen zu und durch«, anstatt tatsächlich etwas gegen die klamme Kälte in ihren Häusern zu unternehmen. Mag der Grieche vorzugsweise im Jetzt und im Augenblick leben, im Winter denkt er an *ávrio*, an morgen, daran, daß es endlich wieder wärmer werden muß, und tröstet sich damit, daß es noch nie so kalt war und auch nie wieder so kalt werden kann.

Das eigene Häuschen erfüllt im Prinzip die Funktion eines Schlafzimmers mit angebautem Vorzeigewohnzimmer und einer Küche, denn das Leben spielt sich den schönen, langen Sommer über auf der Straße ab, auf der *platía* vor den Kafenía; *my home is my bedroom.*

Der einzige Ort, an dem man sich einigermaßen warm und gemütlich aufhalten kann, ist – wie sollte es anders sein – das Kafeníon. Hier sitzen im Winter alt und jung, auch die Frauen, und wärmen sich am glühenden Ofen, mit dessen Wärmeausstoß sich mühelos fünf Kafenía beheizen ließen, wären die Räume isoliert. Geschürt wird mit Holz, und da es in Griechenland kaum mehr Wälder gibt, trifft es sich gut, daß im Winter die Oliven reif sind. Denn in manchen Gegenden werden die Bäume bei der Ernte derart gestutzt und zurückgeschnitten, daß genügend Holz zum Heizen abfällt.

Mag Ihnen im Sommer in Griechenland alles »typisch südländisch« vorkommen, mögen Sie den Eindruck haben, daß alles etwas langsamer, etwas weniger pflichtversessen zugeht als im nördlichen Teil Europas – im Winter bricht bei vielen Griechen das Goldfieber aus, mit all seinen Begleiterscheinungen. Die Olivenernte beginnt, kaum daß die Touristensaison vorbei ist, und verändert die Szenerie schlagartig. Auf einmal gilt das Klischee der südländischen Unbekümmertheit nicht mehr, zumindest nicht mehr durchgängig.

Auf griechischem Boden gedeihen Zitrusfrüchte, Feigen, Tabak, Wein, Baumwolle, Aprikosen: doch die kleine Olive – unbehandelt schrecklich bitter – wird geschätzt, geliebt, fast verehrt. Speiseoliven und das aus einer kleineren Sorte gewonnene Olivenöl sind in Griechenland Grundnahrungsmittel. Solange genügend »grünes Gold« in den Fässern lagert, kann man nicht verhungern, kommt man über die Runden, nicht einmal schlecht. Das Olivenöl – Sie kennen es, dieses Öl, von dem Sie zu besonderen Gelegenheiten allenfalls zwei Tropfen an Ihren Salat geben –, dieses

Öl ist für den Griechen ein essentieller Bestandteil der Küche. Es gibt Familien, kleinere, die mit 150 Kilo Öl pro Jahr nicht auskommen (ich selbst verbrauche mit meiner Frau gerade einmal 25 Kilo, obwohl wir mittlerweile selbst unsere Schuhe damit pflegen). *Zeit*-Koch Siebeck schreibt, ein Eßlöffel Olivenöl, kurz vor dem Servieren, »wenn die Suppe bereits im Teller ist«, in das von ihm beschriebene Bohnenpüree gerührt, würde »Tote wieder lebendig« machen.

Diese »übernatürlichen Kräfte« dürfte das Öl der Göttin Athene zu verdanken haben. Zwar wird behauptet, der Ölbaum stamme aus Vorderasien, in Wirklichkeit war sie es, eine der wenigen ehelichen Töchter des Zeus, die ihn den Griechen schenkte.

Viel Pflege braucht der Olivenbaum nicht, im Sommer hat der Bauer frei. Der Baum lebt asketisch, kommt mit wenig Wasser aus und wächst selbst noch zwischen den Felsen, wo es überhaupt keine Erde mehr geben kann. Seine elfenbeinfarbene, stecknadelkopfgroße Blüte im Sommer ist so unscheinbar, daß sie das ungeübte Auge leicht übersehen kann.

Die Ernte jedoch ist aufwendig, es gibt kaum Maschinen, die einem die Arbeit erleichtern können. Dort, wo es das beste Olivenöl Griechenlands gibt, auf der südlichen Peloponnes, wird die Frucht per Hand geerntet, mit grobzahnigen Rechen von den Zweigen gestreift und in großen Planen, die unter den Bäumen ausgebreitet sind, aufgefangen. Alle helfen mit, vom Enkelkind bis zur Großmutter ist die Familie vom Morgengrauen an auf den Beinen. Wer einen festen Beruf ausübt, muß nach Feierabend ebenfalls in die Haine. Wehrpflichtige werden von vorneherein freigestellt, und was bleibt dem Lehrer übrig, wenn jeden Tag eine andere Handvoll Kinder fehlt, als den Unterricht früher zu beenden und selbst in die Oliven zu gehen. Tavernen, Restaurants, Hotels, auch Schreiner, Schlosser machen ihre Läden allenfalls abends für zwei Stunden auf, tagsüber bliebe die Kundschaft ohnehin aus. Auf dem Land besitzt praktisch jeder Olivenbäume. Selbst der Pope vertauscht die Soutane gegen einen Arbeitskittel und klettert auf seine Bäume. Ein Bild für Götter. Haben reichliche Niederschläge die Ernte verzögert, kann er nicht einmal Rücksicht auf den Tag des Herrn nehmen.

Tagsüber sind die Dörfer ausgestorben. Leben herrscht lediglich an zwei Treffpunkten: abends im Kafeníon und praktisch rund um die Uhr in den Ölmühlen. Wenn Sie zur Olivenernte in Griechenland sind, können Sie das frische Öl direkt von der Mühle kaufen und zusehen, wie die Oliven – oft noch mit großen Steinrädern – zu einem Brei zermahlen werden, der anschließend zwischen Bastmatten ausgepreßt wird. »Erste Kaltpressung« nennt man diesen Vorgang, der das hochwertigste Öl mit dem niedrigsten Säuregrad hervorbringt. Maschinell raffiniert wird das Öl beziehungsweise das, was aus der ausgepreßten Maische noch gewonnen wird, nur in größeren Städten. Wollen Sie das »gute« Öl in unseren Breiten kaufen, müssen Sie darauf achten, daß *extra vergine* auf dem Etikett der Flasche steht.

Die »klassische« Touristensaison ist in Griechenland zwischen Mai und Oktober. Ob Sie nun im Sommer oder Winter dieses Land besuchen, ob Sie Teile des obligatorischen kulturellen Standardprogramms absolvieren oder sich abseits der »touristischen Pfade« zu bewegen versuchen, das alles hat eher wenig Einfluß darauf, wie gut Sie Griechenland kennenlernen. Auch der Kellner, der tagtäglich tausend Touristen im Restaurant abserviert, hat seine freien Tage, seine Familie, ist Grieche. Und fast alle, die Sie vielleicht kurzerhand für »touristisch verdorben« halten, sind nicht weit unter ihrer Oberfläche nach wie vor echte Griechen. Denn um einen wahren Hellenen zu »verfälschen«, bedarf es schon mehr als dieser lächerlichen zehn Millionen Touristen, die Griechenland Jahr um Jahr für einige Monate bevölkern.

Ein Urlaub in Griechenland, oder auch ein längerer Aufenthalt, kann grauenhaft sein für denjenigen, der andere Maßstäbe nicht gelten lassen will oder kann. Aber Griechenland ist kein Museum, in dem man kopfschüttelnd von einer Vitrine zur anderen schlendert. Für den, der immer dann nachbohrt, wenn er gerade UNGLAUBLICH gesagt hat, kann ein Besuch zum Abenteuer werden.

Wo es darum geht, den eigentlichen Reiz Griechenlands zu beschreiben, soll diese Gebrauchsanweisung an ihre Grenzen stoßen. Formulierungen wie: »Nun gehört sie Ihnen, diese moderne XY-Super-Nutzstich-Nähmaschine! Ihre XY-Super-Nutzstich ist ganz einfach in der Bedienung und braucht nur wenig Pflege« will ich Ihnen ersparen. Mein »Produkt« kommt ohne Eigenlob aus; und es ist weder einfach in der Bedienung noch pflegeleicht.

Eine pauschale Zusammenfassung, die Ansätze zeigt, wie »die Griechen« so sind, können nur die Griechen selbst liefern. Sie tun es auch: wenn sie tanzen. Zu einstimmigen Melodien (Polyphonie verschmähen die Griechen seit Jahrtausenden) präsentieren sich die Tänzerinnen und Tänzer sehr aufrecht und stolz, meist im Reigen, im offenen Halbkreis. Der Drang nach vorne wechselt mit dem Verhalten, dem Zurücknehmen, Freude mit Trauer, Begeisterung mit Melancholie. Die festen Schrittfolgen haben Wurzeln, die bis in die Antike zurückverfolgt werden können, und lassen doch Neues zu. Der Vortänzer kann sich gehenlassen, kann sich vergessen und dadurch mitteilen; durch ein Taschentuch bleibt er mit den übrigen verbunden.

Das viele, das so uneuropäisch ist in diesem europäischen (und auch EU-)Land, fasziniert; die Erfahrung, daß eine Menge ohne übertriebene Pingeligkeit mehr recht als (ganz) schlecht funktionieren kann, ebenso. Das Extreme, das fehlende Mittelmaß und die Souveränität, unbekümmert zu sein, versetzen mich jeden Tag aufs neue in Staunen; ach ja, und das Licht natürlich, das einfach unvergleichlich ist.

Danksagung

Mein Dank gilt allen, die mich unterstützt haben, besonders Wilfried Seifert, aus dessen bisher unveröffentlichtem Manuskript ich Beispiele dafür entnehmen durfte, wie geläufig Ihnen Griechisch ist. Eine kleine Eucharistiefeier ist ihm sicher.

Gewidmet ist dieses Buch Edeltraud und Hermann, Hilde und Rudi, meinen Eltern und Schwiegereltern, die »das mit Griechenland« jetzt vielleicht verstehen werden – oder erst recht nicht . . .